如何营造好你的
亲密关系

从0到1学会亲密关系中的相处之道

端木向宇◎著

台海出版社

图书在版编目（CIP）数据

如何营造好你的亲密关系 / 端木向宇著. -- 北京：台海出版社，2023.5
ISBN 978-7-5168-3525-8

Ⅰ.①如… Ⅱ.①端… Ⅲ.①爱情—通俗读物 Ⅳ.①C913.1-49

中国国家版本馆CIP数据核字（2023）第051189号

如何营造好你的亲密关系

著　　者：端木向宇

出 版 人：蔡　旭　　　　　　　　封面设计：仙　境
责任编辑：曹任云　　　　　　　　策划编辑：范勇毅

出版发行：台海出版社
地　　址：北京市东城区景山东街20号　　邮政编码：100009
电　　话：010-64041652（发行，邮购）
传　　真：010-84045799（总编室）
网　　址：http://www.taimeng.org.cn/thcbs/default.htm
E - mail：thcbs@126.com

经　　销：全国各地新华书店
印　　刷：运河（唐山）印务有限公司
本书如有破损、缺页、装订错误，请与本社联系调换

开　　本：880毫米×1230毫米　　　1/32
字　　数：90千字　　　　　　　　印　　张：6.5
版　　次：2023年5月第1版　　　　印　　次：2023年5月第1次印刷
书　　号：ISBN 978-7-5168-3525-8

定　　价：52.00元

版权所有　翻印必究

前言
preface

这是一本写给处于婚恋关系中的人们的书。本书分为六章，包括亲密关系的建立、亲密关系的发展、亲密关系的重建和修复、如何选择适合你的亲密关系、如何在亲密关系中成长、幸福的亲密关系是什么样的。写作时，作者吸纳了国内外学者有关亲密关系的一些理念，结合了自己的生活、工作经验以及网友分享的心得体会，期待读者读完后能够收获幸福的亲密关系。

伴随着社会的城市化发展，很多人进入都市成为白领，却整天忙碌于写字楼间，每天朝九晚六。尤其是在大一些的城市，因为上班路程远，早上七点左右就得出发，晚上九十点才能到家，很少有与他人建立

如何营造好你的亲密关系

亲密关系的时间，换句话说就是没有时间谈恋爱。这也造成了很多大龄晚婚青年普遍存在的现状。也许有人说网络方便了人与人之间的沟通，可是很多人比较专注于工作，除通过电话沟通工作，就是点外卖收快递，到最后"最关心"自己的除了10086就是外卖小哥，或者收揽快递的小哥。当然也有人说周末可以去发展关系啊。可以是可以，这取决于你的工作是什么性质。工作轻松一些的人周末是可以放松，但有些人的周末不是加班就是在加班的路上。为了完成业绩做出成绩，过上自己想要的生活，在该奋斗的年纪里怎么能不拼呢？还有人为了提升自己，周末用来学习技能或者提升学历，总之留给自己做其他事情的时间并不多。还有些上班族，周末好不容易有自己的闲暇时间，宁愿睡个懒觉或者去书店里泡泡，又或是整理家务、洗衣服，等等。时间上的不容许，让人很难和别人建立亲密关系，工作上的繁忙又让很多人对于"麻烦"的亲密关系一概不理，或者认识后，一开始好好的，一年见不了几次就淡了。即使在同一个城市，也是你忙你的，我忙我的，很少能一起聊聊

前言

天，说说心里话。关系一旦淡了，再加上不会经营，就会错过。

以上所说的并不是说"既然如此，那么亲密关系不重要了"，而是亲密关系越来越重要了。因为缺失亲密关系，很多人越来越缺少交际，常常"躲进小楼成一统，管他冬夏与春秋"。例如，一些自由工作者，若没有其他需要，竟然可以一个月或者长达好几个月不下楼，下楼也只是取个快递。长此以往，很多人就会长期单身，在孤独中老去。

本书中所讲的内容，单从个人的角度来说，亲密关系带给你的是一次升华，让你在爱中学习和成长，承担起更多个人责任、家庭责任、社会责任，学会包容、分享和信任，区别爱自己和爱别人、小爱和大爱之间的关系。期待每个读者能够读到、学到、悟到，学会如何帮助自己提升吸引力，学会爱自己和爱别人，建立起属于自己的亲密关系，尽早找到自己的另一半。而已经拥有亲密关系的人，能够不为亲密关系而苦恼，学会避免关系破裂的方法，不让其变成折磨，让自己处于甜蜜的幸福之中。

目录
contents

Part 1 亲密关系的建立

什么是亲密关系 / 003
亲密关系的性质和重要性 / 007
如何建立亲密关系 / 011
如何找到适合你的亲密关系 / 015
亲密关系与其他的关系的区别 / 020
亲密关系中的个体差异 / 023

如何营造好你的亲密关系

Part 2

亲密关系的发展

亲密关系发展的前提 / 029

学会邀约的第一步：与人搭话 / 032

留下良好的第一印象 / 040

来一次让人舒服的邀约 / 045

亲密关系的发展过程 / 048

分手前的征兆 / 054

如何体面地分手 / 058

如何避免过大损失 / 062

目录

亲密关系的重建和修复

亲密关系为什么会破裂 / 067

为什么会爱得卑微 / 072

爱得太认真对吗 / 075

亲密关系可以重建的几个征兆 / 079

修复亲密关系的技巧 / 083

女人想倾诉时,男人应怎么做 / 087

重建和修复亲密关系需要谨记的事项 / 092

Part 3

如何营造好你的亲密关系

Part 4

如何选择适合你的亲密关系

亲密关系的本质是什么 / 097
相似相吸的本质是什么 / 100
选喜欢你的,还是你喜欢的 / 104
如何成为对方心中需要的那个人 / 109
亲密关系中对爱的需求有哪些 / 112
现在的我们需要什么样的亲密关系 / 121

目录

Part 5 如何在亲密关系中成长

让你的亲密关系与时俱进 / 129

如何避免被PUA / 132

学会爱和被爱的能力 / 137

火星人与金星人怎样和睦相处 / 143

如何避免无谓的担忧 / 148

学会喜欢工作 / 151

改变伴侣,不如改变自己 / 154

如何化解亲密关系中的矛盾 / 158

如何营造好你的亲密关系

Part 6　幸福的婚恋关系是什么样的

幸福的婚恋关系是怎么来的 / 163

亲密关系中要满足六种基本需求 / 167

先让心情静下来 / 177

在爱中互相鼓励 / 180

好的亲密关系，是夸出来的 / 182

好的亲密关系，要以心情愉悦为准 / 188

在美妙的关系中，互相得到成长 / 192

Part 1

亲密关系的建立

本章提示：阐释亲密关系的概念，给出建立亲密关系和如何才能找到真正适合自己的亲密关系的方法，讲述了亲密关系的特别之处。

什么是亲密关系

亲密关系是人际关系的一种。从广义上看，是指一切亲近、友好的关系，宽泛地说，家庭、婚姻、恋爱、性爱和友谊等关系都属于亲密关系的范畴。从狭义上来看，亲密关系指爱恋关系，包括夫妻、伴侣和爱人。

本书主要讲述男女之间的亲密关系。按照西方的神创论，亚当和夏娃的结合是因为受到禁忌果的诱惑，作为现代人来看，与其说是因为禁忌果，不如说是因为男性和女性间的吸引。我们看很多教人恋爱的课程，其中经常讲的一个理论是，另一半不是追求来的，而是吸引来的。由此不难看出，男女关系最初就是源于吸引，而不是其他，因此若想跟对方建立亲

如何营造好你的亲密关系

密关系，就不要舍本求末，一定要记得先提升吸引力。有位作家专门感谢吸引力，感谢吸引力让他来到这个世上，因为有了他的爸爸妈妈的相互吸引力才有了他。

亚里士多德将人称为"社会性动物"。这不难理解，我们每个人都是社会中的个体，都有不同的身份，属于不同的集体。作为"社会性动物"的一员，在当今的社会，并不是说个体离开集体就不能生存了，但是人类的传承与发展都是需要"社会性动物"这一身份的。所以说要充当好这一角色，就得与他人建立持续而亲密的关系。正是因为亲密关系的出现，才不会让我们在生活中感到孤单无助。

很多人的亲密关系出现问题，是把自己设置成了关系的中心，认为自己比他人更重要。一切对错都是通过自己的判断来定的。古人曾经说过："人非圣贤，孰能无过。过而能改，善莫大焉。"意思是说："人不是圣贤，怎么会没有过错呢？有过错能改的话，就是很大的优点了。"人并不是完全客观的，并不能总是对事情做出冷静的判断。当亲密关系，比如

Part 1 亲密关系的建立

婚姻关系中出现问题时，以自我为中心的人通常会把责任更多地推在配偶身上。可当工作、家庭甚至游戏中的情况好转时，那些以自我为中心的人却往往会认为自己起了关键的作用。

还有一些亲密关系出现问题的人，虽然不是把自己设置成关系中心，但是他们在处理关系时常常很少想到自己。这种人就是走了另外一种极端。在他们的关系中没有自己，是以别人为中心的，他们觉得别人比自己更重要。这就是人们经常说的"年轻时为了父母而努力，长大了为老公/妻子，然后为孩子，到最后为孙子，总之没有一天为自己而活"。

如何在处理生活中各种各样的人际关系时找到一个平衡点，既不完全以自己为中心，也不完全以他人为中心就变得尤为重要。以什么为中心，要看具体的问题是什么。但是说起来容易做起来难，如何在人际关系中处理好自己与他人的关系，维护好这种人生中最富有意义的关系，是有些人一辈子都需要去学习的事情。

在生活中常常发生的情形是，无论我们多么诚

如何营造好你的亲密关系

恳、多么努力地去改进我们与周围人的关系，尤其是改进与亲近的人的关系，结果却怎么也不能如意，甚至越来越糟糕，让人在关系中纠结。能想到的经历大多是一开始互相不理解、沟通不畅，然后相互怨恨、情感疏离，甚至专门找碴儿，最终的结果则是关系的破裂，各奔东西，老死不相往来。

如果简单去理解，亲密关系就是你跟亲密的人的关系。一般来说，人与人之间一开始都是陌生的关系，如何让陌生变成亲密，让亲密关系中的双方不要从亲密变回陌生，这就是情感专家要讲的关于亲密关系的话题。

亲密关系的性质和重要性

在我们处理与他人关系的时候，常常听人说"你敬我一尺，我敬你一丈"，这默认的是一种"你对我好，我也对你好"的行为。这在某种意义上说是公平和自愿的。可以这样理解，双方对于所得的利益是权衡过的，达到了某种平衡，且当事人分摊了权利和义务，满足了各自的需求，没有人抱怨谁付出多，谁吃亏多。

可见人际关系中的公平，并不是几何的一分为二，而是考量了多种因素后形成的一种均衡的状态，也就是说，只要双方都满意，这样相处的关系就是公平满意的。

关系的建立是在人与人交往中达成的，任何一段

如何营造好你的亲密关系

关系的开始，都是从陌生到熟悉的。较之陌生人的交往来说，亲密关系是一种熟人的人际关系。人际交往中陌生变熟悉的过程常见的有三种。第一种，双方互相试探，慢慢认识，关系由浅入深，或者说是由冷变热。第二种，双方都比较热情，很快就打成一片。第三种，双方有一方喜欢主动出击，在两者关系中引导对方，就是刚开始一方热情一方冷淡，这样的结果是开放性的，会有不同的结果。比如：冷的变热，双方关系发展起来；冷的一方变热，热的一方变冷，最后还是不成；冷的一方怎么也热不起来，热的一方持续热也得不到结果；冷的热不起来，热的凭借着毅力赢得了亲密关系。

我们可以用理论来分析一下。公平理论认为，人们只有觉得自己在关系中既没有多得，也没有少得时，对当前的亲密关系才是最满意的。交换理论认为，人际交往即是某种交换，就是付出和得到。

亲密关系，例如夫妻、恋人这样的亲密关系具有一定的特殊性，但其关系的交往模式同样遵循一定的模式和原则。例如公平理论中的原则：一是，无论是

Part 1　亲密关系的建立

谁都在最大化追求内心的愉悦，逃避痛苦；二是，社会的发展让人们提倡人权，每个人的人格是平等的，社会团体也会表扬那些公平对待他人的个体，惩罚那些不公平对待他人的个体；三是，人们得到他们期望的东西会感到满意，得不到就会感到悲伤；四是，在不公平的关系中，人们会尝试减少压力和不满，通常会采取修复心理公平的感觉，追求实际的公平，或者结束这段关系的方法。

人与人的关系的变化和提升，都来自各自的内心感受，关系的重要性往往取决于关系中的个体对付出和结果的权衡，也就是关系的好坏取决于当事人在关系中获益还是吃亏。

人与人的关系为什么需要发展到亲密关系？这是因为人的社会属性决定了一个人成年后要离开家庭、离开父母，进入社会，建立新的关系，新的关系中最重要的是配偶、恋人带给我们的亲密关系，因为它能带来安全感和归属感。理想中的爱情都是慷慨大度、无私奉献的，但现实中的伴侣常常会因为双方投入和回报不平衡而影响亲密关系的满意度。

如何营造好你的亲密关系

如果处理不好亲密关系，会导致关系破裂，朋友会决裂，夫妻会离婚……到了这一步，常常还会发生一些让人痛心的事情，比如大打出手，成为仇人，冤冤相报，老死不相往来。所以，处理好你的亲密关系尤为重要。

如何建立亲密关系

亲密关系本义是指不限性别、年龄的两人之间和谐融洽的关系。本书里主要讲述夫妻、恋人之间的亲密关系。

那么,亲密关系是如何建立的呢?亲密关系的建立除了家人是因为血缘关系,其他的都是通过认识以后的交往形成的。所以想要建立除了家人外的亲密关系,首先必须去认识。在很多教人谈恋爱的书里,这个环节被称为"搭讪"。首先可以从身边的人中发现,我们从小到大认识的人以同学、同事、合作伙伴居多。然而,一个人会认识很多人,但能够称得上亲密关系的毕竟是少数,如何才能升华你与认识的人的关系,使之成为亲密关系呢?

如何营造好你的亲密关系

这个问题的答案,我想有很多人想知道。

建立亲密关系的步骤一般为:

认识—邀约—跟进—表白—套牢。

我看过很多教别人如何交朋友,如何追女孩的文章,到最后都会提到一点,要学会如何吸引人。而吸引人的重要一点就是,你要把自己的外在和内在形象,提升到一个档次,所谓"你若盛开,蝴蝶自来"。乍一看确实如此,但是结合实际一想,我们说吸引力这一点固然很重要,但不是全部,如果只是被吸引而建立了亲密关系,那么就像很多社会新闻里,女生被PUA①的案例一样。很多喜欢颜值的女生到最后

---

① PUA,是"Pick-up Artist"的简称,直译成"搭讪艺术家",原指男性接受过一系列学习,自我完善情商的行为,后来泛指用来吸引异性,让异性着迷的人及其相关行为。主要涉及的环节有:搭讪、互动、建立并确定彼此关系直到发生亲密接触且发生两性关系。每一个普通人都可能成为PUA的受害者。PUA现象的滋生反映了人们对于个人权利和尊严、亲密关系、暴力、性吸引、性别规范的错误认知,在一段时间内PUA现象受到了社会的关注,PUA对公民权利的侵犯,在国际社会是被禁止和打击的,我国立法中也提到了与PUA相关的违法行为,在《中华人民共和国网络安全法》(2016)中有条文对PUA相关行为进行限制和惩罚。

Part 1　亲密关系的建立

会损失惨重。也就是说，通过吸引力建立的亲密关系并不全部牢靠，甚至最后会崩塌。这也证明了吸引力并不是建立长久亲密关系的核心。这里并不是说吸引力不重要，吸引力当然很重要，某种情况可以说是相识的前提。而相识是建立亲密关系的第一步。

那么亲密关系建立的第二步是什么呢？我们都知道一个人从恋爱到建立家庭，一般是要经过"相识—相知—相爱—相伴"这几个步骤的。从中可以看出相知是建立亲密关系的第二步，也是非常必要的一个步骤。如果你和一个异性没有经过相知，就进入亲密关系，答应做他的对象甚至是闪婚，那么你们建立的亲密关系就存在一定的风险。在现实中我们也知道，一般来说一见钟情毕竟是少数，多的是那种日久生情。很多伴侣都是学校里的同学、办公室的同事，或是工作上的合作伙伴，总之，见面相处的机会比较多。在彼此接触、交流、了解的过程中逐渐产生了感情，才会建立起亲密关系。

那么能够建立长久亲密关系的核心是什么呢？要知道，符合融洽的家人关系的因素有：分享、理解、

如何营造好你的亲密关系

帮助、信任、容忍,以及各成员之间真诚相待等。而我们说家庭关系是社会关系的单元,如果一个人能处理好他的家庭关系,那么他的社会关系也会处理得不错。经常听人说,恋人到最后就会成为亲人。也可以说亲密关系的终点就是家人关系,是要能够做到像上面所说的融洽的家人关系一样。

如何找到适合你的亲密关系

对于广大年轻人来说,如何找到适合你的亲密关系这一问题,也就等于是如何找到爱情的对象。根据美国心理学家罗伯特·斯滕伯格(Robert Sternberg)对爱情类型的研究,爱情是由激情(Passion)、亲密(Intimacy)和承诺(Commitment)三个因素构成的,由此,他得出爱情三角理论(Triangular Theory of Love)。激情是一种情绪上的着迷,外表吸引力和性吸引力占主要原因,是最重要的元素;亲密是指一种喜欢的感觉,彼此依赖,感到亲近,双方在感情上是相互的;承诺是指对爱的预期,短期承诺是爱一个人的决定,长期承诺则是维持这种爱的保证,是关系中

如何营造好你的亲密关系

最为理性的部分。斯滕伯格根据这三种元素组合成了以下几种不同类型的爱情：

·喜欢式爱情（Liking/Friendship）：主要有亲密，没有激情和承诺，如友情或熟人间的关系。

·迷恋式爱情（Infatuated Love）：主要有激情，没有亲密和承诺，如初恋。

·空洞式爱情（Empty Love）：主要有承诺，没有亲密和激情。

·浪漫式爱情（Romantic Love）：有激情，有亲密，没有承诺。

·伴侣式爱情（Companionate Love）：有亲密，有承诺，没有激情。

·愚蠢式爱情（Fatuous Love）：有激情，有承诺，没有亲密。

·完美式爱情（Consummate Love）：激情、承诺和亲密三者兼具。

通过七种不同类型的爱情，我们可以看看自己的爱情是哪一种类型，然后看看自己想要的完美爱情该如何寻找。众所周知，发现不足，补不足，才能解决问题。那么具体到问题的本身来看，该如何做呢？

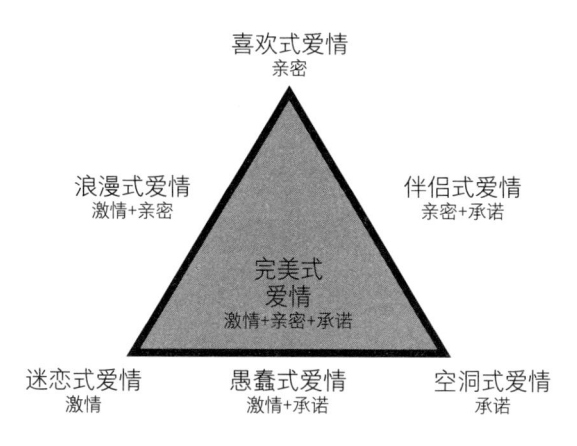

```
                    喜欢式爱情
                      亲密

      浪漫式爱情              伴侣式爱情
      激情+亲密               亲密+承诺

              完美式
               爱情
            激情+亲密+承诺

    迷恋式爱情   愚蠢式爱情   空洞式爱情
      激情      激情+承诺      承诺
```

罗伯特·斯滕伯格的爱情三角理论

有人会问，最高效的找到对象的方法是什么？

一大部分人把自己找不到对象的原因归结为自己不够好，就是不够优秀、不够有钱、不够帅等等，总之，就是觉得自己配不上喜欢的那些人。

但扪心自问，或者睁大眼看看周围的人为什么能找到对象，会发现，他们之所以在一起并不全是因为

如何营造好你的亲密关系

都很优秀。

那么到底是为什么呢？有人给出了回答：主要是因为你的圈子里没有喜欢你的人。如果这是正确的答案，那么想要找到爱恋对象就要离开自己的舒适圈。得扩大你的圈子，也就是说要主动出击，去认识不同的人，融入不同的圈子。一般来说一个人的舒适圈无外乎亲人、同学、同事等，可以将此类圈子归纳为熟人圈。你想要扩大圈子就得在这以外找，比如找一个爱好群，或者通过自己的努力和改变离开现有的环境，找到新的属于自己的群。也就是说一个人找爱恋对象需要两个圈子，熟人圈子以及熟人外的圈子。

举个例子，我的朋友小李是一名毕业快10年的知名大学的本科生，30多岁了还没有结婚。他找对象的途径有家里人介绍，认识周围的同事，还有从以前的同学、朋友中选择，或是由他们介绍。除了这些就是人们说的相亲。相亲是从陌生到认识，这是从古至今都有的一个结两姓之好的方法。因此，小李想要找到如意的爱恋对象，而在已有的圈子又找不到的话，他

Part 1　亲密关系的建立

就要努力改变自己和改变自己的圈子,比如他可以去参加一个周末旅游群,或者读书会,认识一些志同道合的人,去认识属于自己的那个她。

亲密关系与其他的关系的区别

这一节内容应该是"什么是亲密关系"的实操。因为很多人明明喜欢的人就在自己的身边却浑然不知，从而错失了那个他。在一些书里有一些专门介绍测量亲密关系的方法，那么怎么测量你的亲密关系呢？

最直接的方法，就是看付出和回报，比如根据亚当斯在经济学中测量公平的方式（亚当斯的公平理论方程：$OP/IP=OC/IC$，其中 OP 为自己对所获报酬的感觉，OC 为自己对他人所获报酬的感觉，IP 为自己对个人所作投入的感觉，IC 为自己对他人所作投入的感觉），通过双方付出和回报来得出结果。只要结果相同或者相差不大，就可以认为这是能够维持亲密关

Part 1　亲密关系的建立

系的一对儿。

研究亲密关系的学者广泛收集测试双方付出和回报的相关资料，通过一些测试题目反映的结果做出定量分析，给出评分，经过多个问题或是多次测量得出一个比较接近真相的答案。测出的结果指向这几类特征，即个人关心、情感关心和日常关心。主要根据这三个方面的得分得出亲密关系的程度，以此来区分亲密关系与一般关系。比如一个人对你的个人关心达到了一个峰值，但情感关心和日常关心并不怎么强烈，他有可能只是有求于你。当一个人对你的个人关心和情感关心达到了一个峰值，这就有可能是已经到了"友达以上，恋人未满"的状态，再进一步很可能就是暧昧或恋人了。当三者都达到峰值，那么表示对方喜欢你，而且你已经接受他了，或者相当于接受他了。

还有一种测量方法，就是看你跟对方互动的时间长短，根据你们在一起的时间来推断你们的关系。如果你愿意把自己的大部分时间花在一个人的身上，那么毋庸置疑，你肯定是喜欢他的，或者说你们的亲密

如何营造好你的亲密关系

关系已经达到了一个峰值。有句俗语:"丈夫丈夫,一丈之内才是夫。"就是说你跟谁待在一起,谁才是你实际意义上的伴侣。现在很多人的个性签名,如"你把时间花给谁,就说明你在乎谁",或者"成年人,你把时间给了谁,就把爱给了谁",这些都是基于用时间测量亲密关系的方法而产生的。所以,如果有人频繁找你聊天,别猜了,他就是喜欢你。

亲密关系中的个体差异

人的亲密关系有很多种。比如：有姐弟恋的，也有老少配的；有兴趣相投的，也有家境相配的；有相亲的，也有自由恋爱的。可以说亲密关系的不同，来自个体的不同。不同人口中的一句"我爱你"，有不同的情感。为了进一步探讨亲密关系，我们来说几种不同类型的爱情。在这一部分，我们将探讨和爱情有关的较为持久的个体差异。

先从显然是对亲密关系最有影响力的特征开始：依靠类型。

这一类型从古至今都有，甚至在古代是主要类型，有句谚语是"嫁汉嫁汉，穿衣吃饭"，意思就是丈夫必须成为家里的依靠，赚钱养家。在古代，女性

如何营造好你的亲密关系

的地位低，这是人们对爱情关系做出的一种适应性行为，就是女性依附于丈夫。生活资料占有多的被依附。这种类型的亲密关系一旦达成，就会一直影响亲密关系的发展。在这种类型的亲密关系里，忠诚的要求比较高。这在依靠型的婚恋关系中一点也不奇怪，因为一方必须依靠另一方获得生活来源。

和依靠型相似的是依恋类型。依恋主要是指情感方面的依靠，比如文学作品里常讲到的恋母、恋父情结。这种关系主要是一方在情感上面很难离开对方，依恋的一方需要更多的关爱和呵护。被依恋的一方，如果更擅长情绪引导，在对方需要心理安慰时，多提供帮助就会让亲密关系更加紧密。

第三种是补偿类型。这种关系用通俗的话来说，就是"无以为报，只能以身相许"。这种关系在某种程度上也可以看成依靠类型的一种，因为双方达成关系的前提是一方感动于另外一方的付出，无论是情感付出还是物质财富，都让对方离不开，以至于对方不想放弃这种关系，从而达成了亲密关系。注意，这种关系的形成不仅仅是因为一方的付出达到了让另一方

Part 1 亲密关系的建立

无法回报的地步,而且每次有需要的时候都能够得到付出方的馈赠和帮助。

第四种是AA类型。也可以说是旗鼓相当类型,就是双方对于亲密关系的投入是对半的,无论是情感付出还是物质财富。这样的亲密关系类型在现在比较流行,多见于自由恋爱,而且双方有各自的生活圈,不会过分依恋对方。一般来说,这种关系中双方的经济条件和家庭背景比较接近。

第五种是共同进步类型。这一类型和AA类型比较相似,这种类型双方在情感以及生活上有更多的联系,可以是生活中的好拍档,也可以是情感上的好伴侣。多见于朋友、同学、同事结成亲密关系的伴侣。

第六种是激情类型。这种关系一般来说,双方结成亲密关系前了解不多,一旦发生常常会一见钟情,或是闪婚。这种关系中一方对另外一方的吸引力比较大,常常比较浪漫。当然,因为了解不多,如果不能在结合以后建立起新的纽带,进行情感分享,保持互相信任,很有可能造成亲密关系快速破裂。

以上的六种类型当然不能涵盖全部的亲密关系种

如何营造好你的亲密关系

类,我们说亲密关系有很多种,主要是来自个体的差异。例如,男性和女性在爱情中也有很多不同,男性在追求一段亲密关系的初期一般来说比较积极,女性比较含蓄,一旦形成亲密关系,女性在爱情追求上要求更多的浪漫体验,男性在这时候却常常陷入被动局面。承认个体差异,接受自己的与众不同,享受亲密关系中的角色任务,就能在亲密关系中感受愉悦,享受到幸福。

Part 2

亲密关系的发展

本章提示：概述亲密关系发展的过程，把该过程逐段展示，并介绍了两性亲密关系发展中的各个关键步骤，让每个人对自己在亲密关系发展过程中的位置有清晰了解，从而不会顾此失彼，损失严重。

亲密关系发展的前提

亲密关系是一种社会关系，必然会受到社会发展的影响。比如以前两个人要相恋，一般是先婚后恋，且结婚的两人大多是因父母之命媒妁之言而结合在一起的。而现在崇尚婚恋自由，很多人都是先恋后婚的，常常是因为爱情最后在一起的。这也就能理解以前结婚讲的是门当户对，现在两人相恋很多人说是始于颜值。

对于现代的年轻人来说，亲密关系发展的前提条件必然是爱情，其次才是其他。第一章中提到，有些人不敢恋爱、结婚，是因为觉得自己不够优秀，如果以此种说法去推导，这个世界上能够结婚的人少之又少。因为总有人比你优秀比你厉害，照此推导下去，难道就只有顶尖的人才配结婚吗？这放在现实中近乎

如何营造好你的亲密关系

是荒谬的。所以，不要怕，如果喜欢你就去尝试，展示自己的优点，争取属于自己的爱情。那么爱情用什么来衡量呢？有人给出区别亲密关系与其他人际关系不同的六大指标，即：了解程度、关心程度、相互依赖性、相互一致性、信任度和忠诚度。

了解程度（Knowledge）：亲密伴侣之间往往存在着很多私密的交流，即私人秘密。他们对彼此的经历、情感、喜好和心愿等都十分熟悉，且这些信息通常不会分享给其他人。

关心程度（Care）：人们能在亲密关系中感受到更多的关心、关爱、理解和欣赏，并且这样的感受程度越高，亲密的程度也就越高。

相互依赖性（Interdependence）：亲密伴侣间的生活相互交织在一起，一方的行为会对另一方的目标、态度和行为等产生影响。这种相互之间的依赖以不同方式持久且频繁地发生，对彼此都会产生强烈、显著的影响。

相互一致性（Mutuality）：双方在生活上常常不分你我，互相融合，表现出很高程度的一致性。亲密

Part 2　亲密关系的发展

伴侣会自称"我们"而不是"我和TA"。

信任度（Trust）：处于亲密关系中的人们会期望对方尊重和善待自己，满足自己的需求，并相信自己能从亲密关系中获得幸福。如果彼此失去了信任，则会导致猜忌和怀疑，从而损害亲密关系中的无私、坦诚和相互依赖。

忠诚度（Commitment）：拥有亲密关系的双方期望彼此的亲密性能够长久维持，甚至是永远维持。期待自己对对方而言是独一无二的存在，所以会投入大量的时间、精力和物力去维持亲密关系。一旦忠诚度丧失，曾经亲密的伴侣也会逐渐疏远。

尽管一段亲密关系中并不一定会在上述六个方面达到最佳，但是令人满意的亲密关系应当在这六个方面达到让人满意的程度。如果亲密关系中只符合某些特征，比如一对伴侣在生活中的相互依赖性很高，日常生活的方方面面都有所交织，但是缺乏爱的表达和情感沟通，那么这段关系的亲密程度就会大打折扣。

从某些方面来看，我们认为亲密关系的前提条件也可以参照以上六个方面来说明。

学会邀约的第一步：与人搭话

知道了亲密关系发展的前提是什么，那么具体要如何发展呢？一个人好不容易认识了喜欢的人，如何进一步推进关系呢？

首先是要由陌生到相识。而这种变化的第一步，来自搭话。很多人会发现，周围能说会道的朋友一般不缺异性朋友，这也从侧面印证了这一观点。

恋爱关系确定前，无论男女，如果你喜欢一个异性，却一直不说或者不知道怎么说，错过几乎是肯定的。当然，如果对方喜欢你，你却像个呆瓜一样看不懂，不知道怎么回应，或者明明有回应却弄巧成拙，由此错失了一段缘分，这应由谁来负责呢？

所以，想要谈恋爱，就要学会如何与异性搭话。

其实，搭话不难，难的是你不敢开口，有一句话说得好："吵不离的才是欢喜冤家。"所谓彬彬有礼那是对待客人，如果用在亲密关系上反而显得生疏了。想要搭话就不要怕误解，要不厌其烦。

与人搭话需要注意的四个方面

对于男士来说，与陌生女士搭话得当也是显示风度的一个时机，学会了就知道该怎么展现自己的风度。男人一定不要让人觉得太随意，最好要有一定的知识储备。当然人们遇到的往往是那种随机发言，如果临时性的搭话比较多，这就考验你在生活中积累的人生经验了。下面是跟别人搭话前要注意的几个方面：

1. 我们要选择适合的方式搭话。最好是一招制胜，别拖拖拉拉，以免被自己说的话绕进去。

2. 要在适当的情况下搭话。要分场合，也不能随便与不认识的人搭话。

3. 要确定搭话的目的。乱说一通，会越搭越乱，甚至会把搭话对象气走。

4. 注意搭话的分寸。有时候需要循序渐进，不能冒冒失失，小心把搭话对象吓跑，以致出现不可挽回的损失。

知道这几条搭话的注意事项后，我们要进一步了解搭话的步骤。

与人搭话的五个步骤

在这里我们总结了和陌生人相见的五部曲。

1. 要懂得察言观色，找准交流的切入点

一个人的心理状态、精神追求、生活爱好等，会或多或少地在其表情、服饰、谈吐、举止等方面有所表现，只要你善于观察，就会发现你们的共同点。

小张下班进地铁站后，在闸口看见一个美女正在四处张望，表情有点沮丧，就问："你是不是手机没电了，进不了站？我有充电宝需要吗？"美女听到后，一脸感激地说："需要。谢了，我充一会儿电就还给你。"小张说："你慢慢充，我等你。"

在等美女充电的时候，小张简单介绍了自己，于是两个陌生人就谈了起来，后来他们一起进站坐地

Part 2　亲密关系的发展

铁，互相加了微信，留下了联系方式，还成了朋友。

这就是小张观察对方以后，发现对方可能是要去乘车，进不了车站。当然，通过察言观色发现的，一定要是对方感兴趣的，这样打破沉寂的气氛才有可能。否则，即使发现了你们之间的共同点，你可能也会无话可讲，或讲一两句就"卡壳"。

2. 以简单问话试探，找出共同点

两个陌生人相见，为了打破沉默的局面，开口讲话是首要的。有人以招呼开场，询问对方籍贯、身份，从中获取信息；有人通过听对方说话口音、言辞，了解对方情况；有人以动作开场，边帮对方做急需帮助的事，边用话试探；有人甚至借个东西，也可以发现对方的特征，打开口语交际的局面。

几个年轻人相约去玩剧本杀。

在组织者未到的情况下，小李从微信群里看到有人到了。小李问对方："你穿什么衣服。"

"蓝裤子，白上衣。"

"我是米色裤，黑上衣，你看到我了吗？"

"听你口音是四川人吗？"

如何营造好你的亲密关系

"是的。难道这么巧，你也是？"

经过"火力侦察"，双方互相有所了解，且两人都是四川人。两个人发现他们有共同点后谈得很投机，等到一起玩游戏的时候便互相帮助，等游戏结束后，彼此成了好朋友，虽然他们俩没能成为男女朋友，但是其中一个把自己的同学介绍给了对方。

这种融洽的程度看上去是偶然的，实际上也是有其必然性的，即通过问话试探，发现双方的共同点。

3. 听人介绍，揣度共同点

你去朋友家串门，遇到有生人在，作为对两人都很熟悉的主人，他会马上出面为双方介绍，说明双方与主人的关系、双方各自的身份以及各自的工作单位，甚至包括两人的个性特点、爱好等。细心的人会从介绍中马上发现对方与自己有什么共同之处。

小刘约了两个互不相识的人在一家咖啡馆见面，过了一会儿他们俩一先一后出现了。互相介绍后，发现他们两个曾经在同一个单位待过，虽然时间不一样，但是找到了话题共同点，于是三人便围绕"同事"这个突破口进行交谈，相互认识和了解，很快变得熟悉了。

这当中重要的是你在听介绍时要仔细地分析，发现彼此的共同点后再在交谈中拓展，不断地发现新的共同关心的话题。

4. 揣摩谈话，探索共同点

为了发现陌生人和自己的共同点，可以在对方同别人谈话时留心分析、揣摩，也可以在对方和自己交谈时揣摩对方的话语。

小黄和小张在同一个微信群里，有次小黄在群里发了条语音，小张听到后感觉像他们老家那边的人说话，就问："你是不是××人啊？"对方说是，而且他们竟然是同一个县城的。后来他们俩回家时，经常一起买票，彼此成了很好的朋友。

不知情的人怎么也不会相信他们是因为对方的一句家乡话而彼此熟识的。可见，细心揣摩对方的谈话，确实可以帮你找出双方的共同点，使陌生的人熟识起来，甚至发展成为朋友。

5. 步步深入，挖掘共同点

发现双方的共同点是不太难的，但这只是谈话的初级阶段所需要的。随着交谈内容的深入，共同点会越来越多。为了使交谈更深入，必须一步步地挖掘深层次的共同点。

七夏是一个网络作者，她有很多粉丝。有一个粉丝非常喜欢她写的小说，因此每天在她更新的文章后面写评论。久而久之，七夏注意到了这位粉丝。慢慢地，两人发现彼此有很多共同点，都喜欢看动漫，都是cosplay的爱好者。两人从文学、影视的爱好，说到了旅游的爱好，双方越谈感觉距离越近，越谈发现双方的共同点越多，于是，留了各自的联系方式。后来七夏的这个粉丝还来到七夏工作的城市见她，他们从网上的朋友变成了现实中的朋友。

寻找共同点的方法还有很多，譬如面临的共同的生活环境、共同的工作任务、共同的行路方向、共同的生活习惯等，只要仔细挖掘，合理展开，陌生人之间无话可讲的局面是不难打破的。而在这个过程中，也会交到一些新朋友。

如果能掌握以上搭话"五部曲"，相信你过不了多久，认识的人就会越来越多，人气也会大增。相信

Part 2　亲密关系的发展

你喜欢的人，已经在不远处等着你了。

搭话可以锻炼一个人的沟通能力，磨炼一个人的自信和修养。搭话是一门技术活，蕴含着勇气和智慧。搭话能让人建立强大的自信心，可以对自身有更清醒的认识，可以改变对世界的看法，可以让生活态度更积极，可以让生活更有热情，可以拓展自己的交际圈，可以提升自己的交际能力，也可以找到更好的异性伴侣。所以勇敢地去搭话吧！

留下良好的第一印象

如果说搭话是邀约的前提，那么留下良好的第一印象就是邀约成功的保证。搭话是简单的认识，第一印象是留下想要了解的兴趣。不过，当你搭话成功，和对方认识以后，千万不要出于冲动，一上来就问别人在做什么，对方心里会觉得："不是正在跟你聊天吗？"也不要一个问题接一个问题地问下去，以前人们把这种问法叫查户口式的问法，意思是不要一见面就问人"是哪里的""多大了""有男朋友吗"等问题。这些问题是了解的前提，一般人是会问，但是要考虑是不是适合，而且这种问法在很多时候有点像是盘查人。不熟悉的人这样问，会牵扯到个人的隐私，如果他不想回答就会觉得你很不礼貌。

Part 2 亲密关系的发展

也不要一个劲儿地问对方一些无聊的问题,比如现在抖音上的一个段子:

你在干吗呢?

吃饭呢。

哦,吃的什么饭啊?

蛋炒饭。

里面加鸡蛋了吗?

蛋炒饭,你说呢?!

哦,加了几个蛋?

一个。

为什么不加两个呢?

不想。

哦,是土鸡蛋吗?

我不知道。

你怎么什么都不知道啊,你人呢?

我在骑车,不聊了。

骑的什么车啊?

电瓶车。

电瓶车多少钱买的,你的电瓶车速度快不快啊?

如何营造好你的亲密关系

还行……

这样没完没了地问下去，被问的人都会觉得有点烦，甚至会有点要疯的感觉，怎么会有好脸色给你呢？

那么想要在搭话成功后留下良好的第一印象，应该怎么说呢？

众所周知，第一印象往往是交往的基石，而决定第一印象的最大因素，就是你的真诚。如果你能真诚与人相交，就有机会在他心里留下好的第一印象！

首先，真诚的微笑。我们常说"伸手不打笑脸人"，嘴角的弧度和双眸流露的笑意，能给人好的印象。与人初次见面时，对方对你会有一定的戒备心理，当你面带微笑的时候，对方会觉得你对他没有敌意，或是想要讨好他。一旦让对方觉得在你们的关系中他可以占据主动地位，就会在无形中对你放下警戒心。

其次，交谈时语气上也要表现出很期待这次相见的意思，态度要真诚。唯有真真实实让人感觉到了真诚，对方才会消除与你的隔阂，拉近你们之间的距离。

还有就是交谈的时候要注意自己的肢体语言。有时候肢体语言会出卖你,成为别人疏远你的起因。

如果是参加聚会,记得用心选好衣服。穿着打扮也是第一印象的重要因素。穿着类似能拉近距离,差异太大则会形成距离,能让人在一瞬间断定出两人的差异,气质太高贵,或是颜色太过张扬,都会让普通人感到有点距离,不好接近。而且,从一个人的穿着打扮可以大概知道这个人的个性如何。

也许你觉得这样的断定太过主观,不过这就是所谓的第一印象。一向对颜色敏感的人会通过对方的衣服颜色做印象判定,对流行敏感的人则会通过衣服的时髦感或配件的搭配来判定。如果品味相同,就会有亲近感;品味不同,当然会有疏远感。

所以,如果你有重要的约会,恰当选择服装也是对人真诚的一种表现。不能人家举办喜事,你穿一身缟服,这样太不好。

如果你的第一印象让人感觉到了你的真诚,那么你与人搭话就成功了一半。

如何营造好你的亲密关系

和异性交往是人生重要的一课,但我们都没有好好学过,我们多数人只是简单地把在书中学到的模式拿到生活里套用而已,方法、理论和技巧,乃至心灵是非常粗糙的。而经常与朋友探讨与人交流的技巧,则一切经验就会渐渐变得更具有生命力。

通过以上的分析,我们可以看出,只要你勇敢、真诚,并积极运用掌握的技巧,就一定能够通过与他人搭话打开你与人交际的闸门,从而找到适合自己的朋友,也遇见自己心仪的人。

来一次让人舒服的邀约

搭话成功后,如果你对某个人非常有好感,第一印象很棒,那么是不是就要邀约了呢?邀约就是一次真真切切了解一个人的机会。现在有很多网恋,有些人网恋半年、一两年,甚至更长时间,但却没有真正见过面。即使有些见了面,但不少人见面后便"见光死"。为什么会这样呢?主要是因为邀约的时候引起了对方的不舒服。

我们说一见钟情,并不只是因为一面之缘,更多的是因为对方所说的话,所做的事。所以,如何让邀约提升质量是每个恋爱"小白"需要去了解的。

首先,要以诚待人,展示真实的自己。以诚待人好理解,就是不能虚伪,不能去欺骗别人的感情。展

如何营造好你的亲密关系

示真实的自己,是让你用平常心去交往,别担心自己的缺点对方接受不了,也不要因此而紧张得说不出话来。

其次,要幽默风趣。我们知道,幽默和风趣在交际中是能够给人加分的。无论是什么场合,只要你足够幽默风趣,你就会成为大家喜欢的焦点人物或是化解尴尬场面的社交达人,也必然会引起一些人的注意。

再次,要学会夸赞。夸赞并不是拍马屁,而是一种了悟人性的合理做法。我们常听说,"伸手不打笑脸人"。如果你会夸赞就是对一个人给出了情绪反应,对方会因为你的一句话而感觉找到了知音,愿意向你敞开心扉。

知道这些邀约中需要谨记的事情后,那么如何去赴约呢?

首先,时间、地点必须问清楚。不能要去东,却去了西。

其次,注意自己的衣着打扮。因为你的用心打扮会让人觉得你很重视这次会面。

Part 2　亲密关系的发展

再次，如果你内向、胆怯，说话吞吞吐吐，可以带点礼物，或者去的时候带点道具。比如，可以带点鲜花，或者玩具、宠物。这样就能够借助这些外在的东西，拉近你与对方的距离。

最后，也是最重要的一点，谈话的过程中需要找到与对方的共同点。比如，我们在旅途中，如果在车上遇到一个同乡就会忍不住地聊起来。尤其是出门在外的人，有时候听到一句乡音，就会高兴得想哭。

亲密关系的发展过程

亲密关系在经过相识到邀约后，就要进入一个实质的发展期了。美国有位心理学家认为，亲密关系的发展包含五个阶段：浪漫期、权力争夺期、稳定期、承诺期和共同创造期。

浪漫期

浪漫期也可以说是暧昧期到确定关系的初期，是两人之间最激动的时刻，充满着悸动以及忐忑不安。此时，双方相互了解还不够深，对感情的发展有着许多的期望和想象，对关系也有着极大的热情和活力。但是这段关系是建立在相互投射的形象上的，即人们将自己对于理想伴侣的想法投射到对方身上，也就是人们所说的"情人眼里出西施"。换言之,这样的关系拥有很大的想象空间。因此在浪漫期,人们在关系中拥有的只是一个形象,虽然有很高的兴奋感,但是很多时候只是自我情感的一种变化。一旦有一方抽身离开,或是不再去期盼美好的感情,不再投入自己的想象,那么他们之间的感情就会变淡。我们知道,爱上一个人的时候是"有情饮水饱",但是爱情最终会归于柴米油盐。当爱一个人被标上物化的标签,以具体的价值来要求时,往往就过了浪漫期。

权力争夺期

权力争夺期,也可以称为"控制对方期",是两性相处过了热恋期后出现的。俗话说,夫妻之间"不是东风压倒西风,就是西风压倒东风",说的就是这个时期。一般来说,两人相恋后,一旦双方的本性、习惯和行为更多地呈现出来,理想和现实就开始冲撞。此时,为了使对方能够符合自己的期望,两人便会开始想要改变对方,譬如为对方买衣服,鼓励对方的行为满足自己的想象。如果对方坚持保持原样,

如何营造好你的亲密关系

那么自己的浪漫期待就会受挫。甚至会以自己的标准来要求对方，无形之中总是挑剔对方，把以前喜欢对方的某些特征都看成不符合自己审美的存在，变得不耐烦，讨厌对方。这时，浪漫就消退了，冲突便产生了。需要注意的是，权力争夺本身不是问题，而只是一种现象，不是谁对谁错，只是一种情感必然经历的过程。有人认为，有问题的是一方或双方坚持站在道德评价的立场上，认为自己能够理所当然地去控制对方的行为。如果双方能够放下这种理所当然的主宰的态度，这时就可能出现真诚的分享和亲密；如果没有，伴侣双方为了避免更多的争吵分歧以及内心的失望，有可能选择放弃，结束这段关系。

在权力争夺期结束关系，想必有很多人会不甘心，会让自己从这种权力争夺期中抽离。他们会变得比较冷漠，也就是去逃离，不去真实感受自己的不舒服，而让自己变得麻木。冷漠是因为他们彼此都已经不在乎了。这当然不是好的处理方式。最好的处理方式就是双方持续沟通，去理解对方，从而形成一种"你中有我、我中有你"的状态，而不是谁控制谁，谁打败谁。

稳定期

稳定期，也就是整合期。在经历浪漫期的迷离和权力争夺期的冲突之后，伴侣双方的关系如果能够进入下一个阶段，那么就会更加稳定，更具有弹性，也就是上面所说的"你中有我、我中有你"的一种状态。进入稳定期后，彼此会了解对方，询问并倾听，用接纳取代抗拒。这个时期，彼此会通过沟通拉近距离，坦诚地分享自己的内心世界，强化亲密感，促使关系持续地成长和发展。

如果想要维持稳定期，可以从以下几个方面入手：

互相信任，保持接触，了解彼此的生活。一起做一些事，比如一起出游、聚会、看电影等，分享彼此的喜好，增加彼此之间的了解。

可以在日常生活中制订一些双方都有兴趣的计划，增加双方的互动，比如冬天一起去滑雪。

谈论各自的兴趣，比如一方热衷健身，一方喜爱阅读，就可以互相交流经验。如果可以相互分享就不会因此产生距离。

在日常生活中增添一些新元素，可以为亲密关系注入新鲜与活力。比如一起尝试新鲜的食物，或是共同学习一些新事物，能将关系带到新的层面。

浪漫能为亲密关系带来特殊的感觉。伴侣间有彼此才会懂的笑话或暗号，可以让双方感到彼此是特别的。

承诺期

承诺期主要指双方关系已经进入了一种自愿自发地去为对方着想的时期。我们知道誓言并非是不可打破的，只有心甘情愿地去做才是最好的承诺。到了这一时期，伴侣对彼此非常了解，愿意相互交流想法与感受，变得对对方非常无私，认真投入到共同的生活中去。承诺主要是针对自己的，而并非要求对方做什么。一般到了承诺期，双方就不会再谈论分手了。在关系中互相承诺时，双方都会成长。

Part 2 亲密关系的发展

共同创造期

在到达稳定期和承诺期后,伴侣对自我和对方都有了更深入的了解,知道自己的强项与弱点,期望与梦想。由于对双方承诺的信任,就可以投入真挚的感情,一起白头偕老,不论是何种选择,他们都将一起完成。只要到了这一时期,即使两人性格不同,也会相互协作,或者做到精密的分工,比如你喜欢做饭,那你做,另外一方只是偶尔做一下;一方善于教育孩子,另外一方就少插一些手。可以通过这样的积极创造,促成关系的和谐和共同计划的完成。

我们常说"人生若只如初见",是因为亲密关系的初期一般是非常令人愉悦的,但是越往后面发展越难,所以在亲密关系中的双方可以参考以上时期的划分和特征,经营好自己的亲密关系,让自己的亲密关系变得更加稳定和成熟,和对方一起去创造更美好的人生!

分手前的征兆

如果亲密关系破裂，那分手就是必然的了。我们开始某段感情并不是为了分手，大多是想在一起的，但常常事与愿违。很多人关系发展到一定阶段后不得不分开。有人会问："为什么会这样呢？""早知今日何必当初呢？"说到这里，也有人会说："要早知道会导致分手的话，当初就不会怎么怎么样了。"可见，知道一些分手前的预兆并能够及时反省，也能挽救很多感情。

众所周知，任何事情在发生前都会有一些征兆，情侣在分手之前，也一样会有征兆，只不过有些人没注意而已。

征兆一，忽然变得冷漠，不接你电话，也不回任

Part 2　亲密关系的发展

何信息。一开始对方不接你电话，不回你信息，你可能以为对方没有看到。但最后你不得不承认，对方只是不那么重视你了。

征兆二，厌恶你的肢体接触，会有意无意地避开你。两个相爱的人在一起，肢体接触是很正常的，牵手、拥抱、摸头等，如果关系足够亲密，亲吻也是可能的。然而，有一天，你察觉到，对方已经开始厌恶你的肢体接触了，会有意无意地避开。看似无意，其实是故意的，对方就是不喜欢了，不愿意与你有任何肢体接触了。

征兆三，频繁吵架，总是打击你。忽然你会觉得，无论你做什么事，在对方眼里都是错的，对方会因为一点小事，就和你吵架，很多时候你甚至觉得莫名其妙。当一个人频繁地和你吵架时，他的心多半已经不在你身上了，由于不好意思主动提出分手，才会这样逼你对他死心。

征兆四，不让你看他的手机，甚至不让你过问他的事。即使以前你知道密码可以看他的手机，然而现在，他已经换了密码，不要说看他的手机了，你已经

如何营造好你的亲密关系

不能够碰他的手机了。他有事也不跟你说，你要是过问，他就会说不关你的事，别管闲事。

征兆五，总说自己有事，到最后，你甚至联系不上对方。以前，你们整天腻在一起，舍不得多分开一秒，现在你却经常联系不上他。他总是消息不回，电话不接或者是无法接通。你心急如焚，担心他出了什么事情，他却像没事人一样，甚至正和其他人一起打闹。

征兆六，总是会故意做一些惹你生气的事。你不喜欢什么，对方便做什么，故意惹你生气。在感情方面，一个人想分手又不主动说出分手的时候，便会鸡蛋里挑骨头，故意惹对方生气。

还有一点，心里没你了，什么好事也不想着你，去哪儿也不想带着你，他跟谁在一起你根本不知道。以前找他的朋友打听，还能找到他，现在他的朋友都躲着你。总之，他想跟与你有关的一切脱离关系。

以上几大征兆，只要有一条符合，其实就已经相当于要分手了。这时候你就要想想，是自己错了，还是对方有事瞒着你，看看你们的关系还能不能挽救。

Part 2　亲密关系的发展

不过,感情和爱情都需要经营,也有可能是对方想要引起你的关注。这时候你就要提早实施自己的挽救感情的计划了,尽量通过自己的改变,让对方回心转意。

如果最后真的走不到一起,只能分手,也请感恩曾经相遇,曾经爱过,然后好聚好散,一别两宽吧。

如何体面地分手

当亲密关系破裂，两人还在一起就是一种煎熬，这时，如何体面分手就成了当务之急。当然，如果还有其他方法能够挽救亲密关系，欢迎多多尝试，在这里我们主要说说如何体面地分手。

体面分手主要是出于对感情的尊重，因为毕竟曾经是最亲密的人。如果去诋毁、埋怨、谩骂，甚至报复，那只能说明当时你选错了人，或者你没有那么爱这个人。当然一段感情的结束，对于任何人来说都不容易接受，初次投入感情的人大多数都会觉得惋惜，想要挽留，甚至想不开的也不少。有些人看重感情，陷入太深，投入太多，一下子分手，会让他不知所措，因此可能做出丧失理智的事情。

Part 2　亲密关系的发展

那么如何体面地分手？

当面提出分手。如果你考虑好了，就复盘一下你们双方在生活中的点滴，再次确认自己的心意，只要你敢于面对自己的内心，那么堂堂正正地当面提出分手，不失是一种快刀斩乱麻的做法。

如果不能当面提出，就把你的想法发信息或者写信，同时也可以把对方的东西寄回去，或者再送上自己的某些祝福，祝福对方找到更适合的。

建议对方选择分手也是一个很好的方法。你可以选择继续做朋友，像一个好朋友那样给对方建议，让对方和自己一起结束恋情进入友情。

如果你没有考虑过分手，对方突然提出来了，不管是谁，在很爱对方的情况下，碰到这种情况，一般都很难接受。在这种情况下，一定要让自己冷静，否则，你在这个时候有多疯狂，那么等这段时间过去，你清醒之后，就会有多后悔。请记住，不管你多么难过、伤心，一定要让自己保持微笑，保持优雅，有教养。别做惹怒对方的事，如侮辱、谩骂等，不简单粗暴地离开，不死缠烂打追着不放。

如何营造好你的亲密关系

分手方式可以因人而异，体面地分手也有很多方法。简单来说，只要记住体面就是指礼貌而不失礼节就行。中国人讲究缘分，缘分到了自然就会在一起，缘分没了自然就会各自分散，"一别两宽""好聚好散"等都是一些分手的哲理。

如果行为上是分手了，但是心理上还过不去，放不下怎么办？虽然分手了，还是忍不住地去回想，甚至一个人偷偷去打探对方的一切，或尽管能够做到"静静退场"，却无法面对内心的自己，陷入抑郁之中，甚至萎靡不振，遇到这些情况该怎么办呢？

可以给自己一个期限，试着去学习新的东西，先让自己充实起来。之所以分开，是因为现在的你和他不相配，只有提升自己，改变自己，那么再次相遇，也是可以好好地把握一下机会的。

祝那些为爱执着的人能够美梦成真！

我们说人这一生，就像一趟长长的旅程，途中有人下车，有人上车，是很正常的。有些人注定只能陪你走一段路！你只要在一段关系里，努力过，付出过，无悔过，就可以了。分手也是一种幸福，你要相信自己会遇到一个更好的人生伴侣。

但是你也要记得,如果你遇人不淑,或者对方穷凶极恶,那么不论以何种方式,不管体面不体面,请坚决离开,早早离开。

如何避免过大损失

有亲密关系的两人如何避免分手损失过大呢？

有的人谈了一场恋爱，像是少了半条命一般；也有的人结了一次婚，最后人财两失。那么如何避免呢？

很明显，若想在一段恋爱中避免人财两空，最简单的，就是一开始不要投入那么多，比如少花钱、少投入感情等。但是这可能吗？如果这样提防，那还是谈恋爱吗？恋爱时少花钱，这是可以理解的，因为法律保护的主要是婚姻，如果不结婚，谈恋爱花的钱就像是投资亏损一样。这样看来谈恋爱能省则省是没错，但是如果只是自己节省，而让对方花大钱，也不考虑对方的经济实力，给对方背上沉重的经济包袱，就不对了。如果你碰到这样的人，即只让你花钱，他

Part 2　亲密关系的发展

一分都不花，那么建议你还是早点分手好了。

当然，如果恋爱时一直计较谁花得多，想着这段恋情结束后怎么分财物，这样的感情也不可能纯粹。

何况谈恋爱也是可以不花钱或者少花钱的。你们在一起可以去逛公园，相约跑步，或者参加棋类活动、球类活动等花钱少的娱乐活动，这一样可以把恋爱生活过得很浪漫。两个人只要感情好，即便不花钱，单纯地逛逛街也会身心愉悦。

还有人说，怕损失，就不要开始，如果已经开始了，就要及时止损。这话虽然比较直白，但是也合理。这就要求想要开始一段感情的人，先确定好是否真的愿意为这段感情付出且无怨无悔，以及对方是不是值得你付出。如果对方不值得，并且还是一个比你更害怕损失的人，那么就不要开始了。如果已经开始了才发现对方不合适，那么就要及时止损，尽早分手。当然感情的事儿，没法一直保持理性，要不然，世界上也不会有这么多悲剧了。

恋爱中的人是很容易患得患失的，即使你很爱对方，对方也会因为你晚到了几分钟，或回消息回晚

如何营造好你的亲密关系

了，甚至于忘了某个重要的节日，从而觉得你对他不好，会因为付出不平等，而心有怨恨。计较得失的心理我想每个人都会有，但是也要知道，有舍才有得。人生本来就很难两全，"有得必有失""鱼与熊掌不可兼得"，对感情的投入没有回报也是很正常的一件事。不过每个人在意的点不一样，如果在你心中金钱更重要，按照上面说的多注意，那么即便分手，损失的金钱也不会太多。如果你在乎陪伴，那么对金钱的损失就不要看得过重了。很多人会告诉你，学会爱自己才是最重要的，自己开心、健康、快乐比什么都重要，分手只是少了一个不爱你的人，没有什么不可以的。这样看的话，你花出去的金钱和财物本身只是"负资产"，抛掉了也一点都不可惜。

　　失恋分手后，没必要把这种不高兴的事情大张旗鼓地跟亲朋好友说。尤其是，如果你还打算继续这段感情的话，那这种行为只会引起对方的反感，觉得你只是在博取同情；如果不打算继续，那么更没有必要跟别人讲。既不用博取别人的同情，也无须散发负能量，分手了，自己慢慢消化就可以了。

Part 3

亲密关系的重建和修复

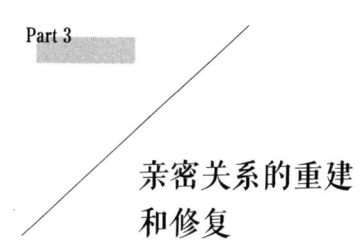

本章提示：阐释了亲密关系为什么会破裂，以及破裂后的重建和修复。着重讲述能够修复的亲密关系的特征，以及男女在亲密关系重建中应该谨记什么。期待身处其中的人在经历过风雨后看见彩虹。

亲密关系为什么会破裂

想要重建亲密关系,首先得找到分手的具体原因,然后对症下药。先来看看人们为什么会分手。

有些亲密关系本身没有多么深厚的感情基础。仅仅只是通过一时的吸引而来的亲密关系,不容易长久——这当然也可以作为分手的一个原因,不过只是间接原因。接下来我们将分析导致分手的直接原因。我们都知道,恋爱是两个人的事,但是分手只要一个人就够了,只要有一方不想继续,亲密关系便不复存在。

对于很多重感情的人来说,分手可能会很痛苦,有些人甚至为之萎靡不振,走不出来,殉情自杀的也不少。对于分手的原因如果只做简单化分析,可能会

如何营造好你的亲密关系

触痛深陷分手痛苦中的人,而且男女思维的差异性,常常会导致分手原因的不对称性,所以不妨从多个方面来分析一下。

一是,少了恋爱的感觉。英国作家安德鲁·G.马歇尔在他的《幸福关系的7段旅程》序言中讲,"我爱你,但是我没有在爱里的感觉",然后在第一章中说,"过去,伴侣分手是因为彼此憎恨,今日分手,原因可能是彼此爱得不够"。也就是说,关系的存亡是因为爱。那么爱是什么呢?因为爱,分手的人都会说出一些什么原因呢?有"他变了,不像以前那么爱我了""他暴露的恶习,我忍受不了""他不尊重我""他对我爸妈不好,对我家人不好"等。无论有多少个原因,都没法用来完美解释"为何当初那么爱的一个人,当初千挑万选的人,如今却变了个模样"。

二是,一方有某种缺陷。例如,生育能力弱、残疾、生病等都是导致分手的强有力的原因。常常以这种原因提出分手的,一般都能达成共识。但是,也有人会说,"这是因为不够爱啊",如果有足够的爱,

Part 3　亲密关系的重建和修复

这些都不是问题。

三是，聚少离多，交流少，没有共同话题。现代社会出差、加班等，已经成为一种常见现象。双方经常不能在一起，如果再没有共同语言，那就更加不会有情感交流了。在快节奏生活下的社会，这不仅是很多家庭的一个写照，也是很多伴侣分手的一个原因。关系是需要经营的，亲密关系中的爱情也是如此。两个人不在一起，就很容易导致情感降温，关系变得冷淡。这时候就要想办法让彼此之间的情感升温，如果只是没话找话，搜肠刮肚去找交流话题的话，很多时候对于双方来说都是一种折磨。

四是，第三方的介入。爱情具有唯一性、排他性，常常容不得第三者插足。这里说的第三者不仅包括"小三"，也包括双方以外的任一个人。经常听到人们说结婚不仅是两个人的事，还是两个家庭的事，这种说法当然有一定的道理，但不全对。很多聪明人在评判一个人值不值得爱的时候，常常不会只听从别人的意见，他们会有自己的一套标准，再结合社会道德等准则来判断。如果在乎别人的评断，那么双方之

如何营造好你的亲密关系

间即使建立了亲密关系，也不会牢靠。有很多第三方，并不明白当事人双方经历了什么事情，只听片面之词就火上浇油，让别人分手、离婚，这是很不负责任的。

五是，缺少经济支撑。当爱情的新鲜感退却以后，剩下的是柴米油盐的日常，这就需要一定的经济支撑。三毛曾经对此写过一段自己的看法，她说："爱情如果不能落实到柴米油盐、吃饭、睡觉这些琐事上是不能长久的。金钱不能收买爱情，但你的爱情一定不能缺少金钱！"三毛还对这个论断做出了自己的分析，她肯定了爱情是美好的，但爱情只是精神上的东西，而人首先要生存。如果一个人连生存都解决不了，何谈精神的发展！柴米油盐一旦成为生活中的难题，美好甜蜜的恋情就会慢慢被消磨掉，互生怨恨，除非两个人之间感情足够强大，强大到可以不在乎别人的看法，否则最后必然导致感情破裂。因此，美好的恋情不能缺少金钱。这也是众多人对金钱和爱情的一种态度。

除了以上五点，还有其他一些导致相爱的人分手的原因，例如性格障碍。有些人在关系中总处于恐惧状态，总觉得对方要离开自己，疑神疑鬼。心理学家对此有论断，他们研究发现，当人们觉得凭借自己的能力无法完成一件事或将会搞砸一件事的时候，恐惧感就会产生。当然心理学家也给出了应对方法，让人们尝试把害怕的事情放大到极限，次数多了，时间久了，也就不在乎了，即所谓的"脱敏"。

对于其他的分手原因，这里就不一一赘述了，而且我们怀着美好的愿望，相信世间有更多的伟大的长久的爱情。

为什么会爱得卑微

有人说，在两性关系里，最扎心的不是身体没有亲密接触，也不是三观不合，而是夫妻一方过于卑微，另外一方又不懂得珍惜。有时候在爱中卑微，是因为关系的双方不对等，如嫁入豪门，或攀了高枝，等等。

在这种关系中，弱势的一方觉得能够得到这些已经很不容易，无论如何要把握住，于是对方说什么就是什么，在爱中会越来越卑微；而强势的一方得到了以后，又觉得好像不是自己想要的，就愈发不珍惜。这些都是因为没有牢固的情感基础。

有人从情感专业角度分析，觉得卑微的爱的心理有三种：觉得自己不如他、自己的需求高于他、害怕

Part 3　亲密关系的重建和修复

自己失去他。

觉得自己不如他。把自己的身份地位放得很低，在潜意识里觉得自己比对方低微，所以没有自信，于是每次都是自己先服软，先低头。

自己的需求高于他。对对方的欲求高，却不能得到回应，为了获取自己想要的就会放低姿态，所以会做出自认为的补偿——卑微一点，让对方来满足你的高情感需要。

张爱玲曾说："爱一个人，会把自己放得很低很低，低到尘埃里，在尘埃里开出花来。"在爱中变得卑微是一种常见的现象，符合人的心理特征，并不是什么不好的事和不能拿出来说的事。

因为爱基于喜欢，人们对于喜欢的东西，一般是有欲求的，想要得到什么东西就需要有价值交换。因此，对于情感上的喜欢，很多人会表现出愿意用自己拥有的一切去交换，那就是对一个人好，好到对方想要什么都可以。这就把自己放在了一个卑微的姿态下。

在感情里，习惯卑微，如果从心理上去看是一种

如何营造好你的亲密关系

对失控的恐惧。害怕失去对方，害怕得不到回应，害怕自己做错。这种恐惧，一般人也会有，有时可以归纳到社交恐惧中。在亲密关系中，如果一方的恐惧心理过重，就会让感情的双方不对等。

心理学家认为，这样的爱的关系模式，还是一种保护色，因为你若是委曲求全去爱一个人，那么当你一直得不到自己想要的，可能就会追求平等，大吵一架终止你们的关系。当然如果你还爱对方，那为了既有的关系总和，例如为了家庭的稳定，在双方父母、亲戚、朋友，甚至子女面前愿意为爱人放低姿态，这时候就要用心一些，"卑微"一点，用点心思和技巧，好好去营造你们的亲密关系。

很多亲密关系中都存在不对等的情况，我们既要接受这是一种正常现象，也要明白，即使卑微也不可能得到对方的爱。有时候勇敢放手也是一种爱。

爱得太认真对吗

爱情不是权力斗争。曾在《分手心理学》一书中看到这么一句话：有些人在一段感情刚开始的时候，把感情看作了战场，而在这个战场上，就是谁先认真，谁就先输。

把爱情当成权力斗争的人，曲解了爱的本义。爱是分享、包容和信任，而不是把自己的心理感受和喜好强加给对方，让对方承担所有的不好，你只享受所有的好。总想自己占尽优势，让对方处于弱势，什么都听自己的，这样的爱到最后就会变成一种竞争关系，甚至争夺关系，这样建立的亲密关系还是爱情吗？

我们若认为恋人争吵后，一方等待另一方道歉，看谁先服软是一种权力斗争的话，那么矛盾升级后的

如何营造好你的亲密关系

互相不理睬，甚至再见后成为陌路人，就已经不是爱情所能承担的事态。其实爱情中的纷争大多只要几句调皮话就可以解决，或者冷战几天后又可以有说有笑。有时候，等待对方的道歉只是想让对方认识到错误，而不是过于较真。毕竟，认真的背后是更爱，而不是你死我活。

学会适可而止，就是不能太过认真，在亲密关系中太认真的后果就是杀敌一千，自损八百，到最后还是输。既然你想要的是一段感情，并想要长久，那就要学会克制自己。

在爱中要学会"难得糊涂"，就像人们说的，家是讲感情的地方，而不是讲理的地方。"水至清则无鱼，人至察则无徒"，什么都认真的人会让人敬而远之。伴侣之间如果什么都认真，斤斤计较，就会让双方关系变淡，甚至破裂。

在工作上认真肯定没错，但是在感情里认真，非要计较你的付出，或总是赖对方什么都做不到完美，不如你的心意，到最后，甚至于觉得自己能感动天感动地，就是感动不了对方，觉得自己这么认真，对方

Part 3　亲密关系的重建和修复

却把你们的关系当成儿戏，就有点夸张了。感情的双方都需要站在对方的角度去考虑，别对方想要的是梨子，你给的是苹果，这样还怪对方不领情。

很多人说怕恋爱，不想结婚是因为受了情伤。虽然不能妄下结论，但是非要以自己的标准去衡量对方爱不爱你，这就是这些人受伤的根本原因。觉得自己付出了，对方就应该回报，等到分手，又哀叹自己那么爱一个人，什么都没做错，为什么老天要如此对待自己，或者一旦分手就觉得世界塌下来了，等等，都是爱得太过认真惹的祸。"爱得太认真，伤得就越深！"只怪他们太以爱情为中心了。

怎么才能避免爱得太过认真呢？

一是在恋爱时要想好了，你想要的只是一段甜蜜的感情，如果让你付出得太多，就要考虑清楚值不值得。有些事根本不值得去做，有些人根本不值得去爱。

二是永远要记得留一份爱给自己。当你爱得太深无法自拔，为了一个人不断失去自我，不仅损失钱财，甚至朋友、家人也不要的时候，就要警惕了，毕竟，一个真心喜欢你的人是永远不会看着你伤害自己

如何营造好你的亲密关系

还不心疼的。

三是永远相信爱情，保持豁达的心态。谁不曾青春年少受过伤？甚至可以说没有受过情伤的青春期是不完整的。不能在情感中受一次伤，就不再相信爱情了。要知道爱一个人没错，被爱伤害也只有很小的概率，那个对的人会为你而来，为你付出真心实意，不让你再受半点委屈，要相信属于你的终究会找到你。

还有一点，在上文中也有提到，就是要站在对方的角度去考虑一下问题。有时候认真地付出会给别人一种压力，干扰到对方的生活，对方会因此产生抵触心理，拒绝你的认真，反过来就会让你受到伤害。常听人说，"太过激烈的爱情，不能长久"，其实太认真的爱和太卑微的爱也一样不能长久。

总之，对爱情太认真，虽然不该是一个人受伤害的起因，但是对爱情太认真，往往说明当事人太在意，内心充满了焦虑，还有可能生活单调，除了对一个人付出爱，没有其他兴趣爱好。当然，认认真真爱一个人没错，主要是要看对方是谁，值不值得去爱，不要为了爱，做那个只感动自己的人。

亲密关系可以重建的几个征兆

一般来说，分开后亲密关系很难再回到过去。有些人分开后便形同陌路。但是，事无绝对，破镜也能重圆。因为缘分和牵绊不是简单的一句分手就能够斩断的，真的分开后受伤的不仅是两个人，还有各自的亲友，所以能够复合，不仅对复合的两人来说是好事，对于身边的人来说也是好事。

亲密关系之所以能够重建，最大的一种可能是双方是因为误会而分开的，这种重建只需要沟通好，消除误会就好。另外，以下几种情况也可能重建亲密关系：一、第三者挑拨，这就需要双方能够抵挡住诱惑，解开心结，一起赶走第三者，重新走入属于自己的亲密关系。二、一方开始受不了另外一方的习惯、

如何营造好你的亲密关系

行为，这可能意味着一方提高了自己的审美和对生活的标准，另外一方却跟不上，这就要求落后的一方要紧跟学习，上进的一方能够向下兼容，多多包涵，并鼓励对方一起前进。三、性格方面无法调和，这可能是一开始不大了解对方，慢慢在一起发现性格上总是针尖对麦芒，谁也不让谁，互相看不顺眼，甚至常常大打出手。这种人能够在一起，肯定是有感情的，但是就是谁也管不住自己，明知道对方不喜欢，却偏偏要干。这种想要复合比较难，先得从自己身上找原因，多学习知识，充实自己，多点兴趣，转移自己的注意力，再看看幸福的家庭是怎么处理双方矛盾的，这样试试说不定就能发现亲密关系又回来了。

有些亲密关系破裂的人会说："道理我懂，但是做起来难。"首先是拉不下面子，另外不知道对方的心意，害怕冒冒失失去求和好，反而把对方推得更远。那么亲密关系能够重建的预兆有哪些呢？

首先，双方都没互删联系方式，且能看到对方发的朋友圈消息、最新动态等，有时候对方一连发几条

Part 3　亲密关系的重建和修复

消息，有些消息你会直觉地认为与你有关，甚至有时候对方还给你的某条消息点赞，这便是对方想找你聊天的一个讯息，你不妨大胆试试联系一下。

其次，对方与你的朋友有联系，且常常提到你。一般来说，刚分手的时候好多人都会慢慢想起对方的好，忍不住地想念对方。如果对方把对你的想念已经表现出来了，你也已经知道了，你若有意就大胆联系吧。

另外，你们之间还保持着联系，只是说了分手但是实际没有断掉，只差一个人出来求复合。这也就说明，两个人并没有真正地放下对方。在这种情况下，复合只是时间问题，有时候两人都体会到了分手的痛苦，再次复合会对难得的爱情更加珍惜。

还有一些人，不愿意承认自己的爱情失败，分手后，就陷入自责中，也不愿意开始一段新的恋情。当两个人都不愿意开始新恋情时，就可能说明双方都忘不了对方。若谁也不找对方的话，可能两个人都会孤老终生，所以这时，你们不如大胆地再次走近对方，恢复联系，重新复合。

如何营造好你的亲密关系

想要追求幸福美好,就千万不要重蹈覆辙,从上一段亲密关系中总结经验和教训,好好地开始新的生活。希望每一段恋情都能白头偕老。

修复亲密关系的技巧

有个词叫"防微杜渐",如果亲密关系有变化,你已经察觉到你们的亲密关系受到损害,那么何不好好修复一番呢?面对矛盾不要总习惯性地去回避,这样只会让亲密关系陷入危机之中。那么如何更好更快地修复亲密关系呢?心理学中有五大修复亲密关系的技巧:

一是停止语言攻击。

人的误会很多时候是因为一句无心之语,若你觉察到自己的失言,就先停止说话,从对方的角度去考虑,你说的话是不是伤害了对方。停下来,先深呼吸平复自己的心情,如果对方没有停下来,你要耐心听对方说完,等双方都能平静下来时再发表看法,也可

如何营造好你的亲密关系

以先表达自己的歉意。

二是讲出自己的内心想法。

有时候两个人并不是没有沟通,而是沟通不彻底,对方不知道你的真正意图,这才是误会的来源。如果在没有讲出真正的想法前惹怒了对方,那么你得想办法让对方听到你内心的想法。亲密关系中的矛盾升级往往都是从相互的不理解开始的,修复矛盾的起点是双方开诚布公地沟通,将内心的真实想法讲出来,让双方体会到彼此行为背后的情绪和感受,从而接受彼此。

三是换位思考。

人们常说换位思考很重要,亲密关系中的换位思考尤其重要。因为亲密关系是你中有我我中有你,当你不能换位思考的时候,就会觉得怎么只有自己心里有对方,而对方心里没有你。试着从对方的角度想问题,试着看看对方的付出,当你换位思考时,你就会很客观地发现事情的本质,从而减少很多误会,也减少很多争吵。学会换位思考,就会认识到自己的不

Part 3　亲密关系的重建和修复

足，学会控制自己的情绪，也会慢慢学会从客观上去认清事实。

四是学会分享。

学会分享，包含分享自己的喜悦，也包含分享自己内心的秘密，如自己的失败、懦弱、犯下的错误等。当双方可以分享自己的快乐，也可以袒露自己内心的脆弱时，亲密关系也就会更牢靠。

五是成为彼此的依靠。

成为彼此的依靠并非只是说说，而是要用心去做，让对方相信，你永远站在他这边。当别人不相信、不理解他的时候，你的理解和支持，就是他最好的礼物。能够时时刻刻做到成为对方的依靠，并坚持一辈子，不就是白头偕老吗？

当然，现实中意外总会突然降临，很多事情没法按照计划完成。没有人一辈子不吵架，也不存在完美的恋人，亲密关系本身就是一门深奥的社会学问，每一对深爱的人都需要在爱中成长。

以上五个修复亲密关系的技巧，更多的是思路指

如何营造好你的亲密关系

导,而不是具体的行动方案。希望每一个处在亲密关系中的人,都能从中找到自己的答案,把自己的亲密关系处理好,没有矛盾的时候能够更甜蜜,有了冲突的时候能够处理妥当,完美解决。

女人想倾诉时，男人应怎么做

女人的情感细腻，且喜欢表达，语言功能比男人强，这是早有定论的。然而，面对一个爱表达的女人时，男人常常有抵触情绪，缺乏耐心，避而远之。

这是因为，在有的男人看来，女人的倾诉太婆婆妈妈，有的还是为了争论谁错谁对。而根据结果来看，大多数男人因为不善于表达，以及需要更多包容的态度，往往处于被抱怨的地位。

女人抱怨得越多，男人就越会感觉自己在遭受女人的指责和抨击。他不知道，女人只想宣泄一番，让自己心里好过一点；他也不知道，只要他付出耐心，

如何营造好你的亲密关系

洗耳恭听,女人便会心满意足,不再生气。

男人如果听到女人抱怨不休,就会觉得女人是在责怪自己,会立刻武装起来,准备和女人唇枪舌剑一番。要是女人看起来稍稍有些心烦,男人就会自以为是地推断女人要找自己帮忙处理问题。于是,便会戴上那顶"问题解决专家"的帽子,帮女人想各种点子。

另外,男人如果觉得女人指桑骂槐地批评、攻击自己,便会开始启动自我防御模式。他以为,只要和女人解释清楚,女人就会停止抱怨。可是,男人辩解得越多,女人就会变得越生气。他不明白,女人并不需要他做解释,她真正需要的是男人理解自己的感受,并以信任的姿态用心聆听,让她无拘无束地诉说下去。当女人为生活感到失望、焦虑时,这些话常被她们挂在嘴边表达内心情绪。只要能说出来,心里就会好过一些。只要听者有所共鸣,能理解她的沮丧和失望,她就感觉自己有了支持和依靠。

男人不愿聆听女人的倾诉的另一个原因是,男人不得不在女人的陈述中,试图找出问题的核心。男人

Part 3 亲密关系的重建和修复

往往注重逻辑思维，只有了解问题的大概轮廓，他才能想出解决方案。女人给出的细节越多，男人聆听时挫败感就越强。如果男人牢记谈论细节的过程能让女人受益匪浅，他就不会有那么强的挫败感；如果男人懂得女人只想获得倾诉的快感，而不是解决问题的方法，他就会放松很多。如果男人能逐渐了解到怎样取悦女人，让她得到满足，给她强有力的感情支撑，他就会发现，倾听并不是一件难事。更重要的是，女人要让男人明白，她只是想谈论问题、倾吐烦恼，不需要他解决任何问题，这样，男人也就能放松下来，认真倾听。

除给予倾听外，男人也可以给女人安慰。男人要意识到女人情绪的反复波动并不是无病呻吟、无理取闹。女人的脆弱与缺乏安全感是自然而然、不可避免的，不过，这种状态只是暂时的，并不会长久持续下去。只要处理得当，她沮丧低落的情绪就会迅速消退。

男人如果能学会用适当的方式来支持处于困境中的女人，不仅能让她尽快走出埋怨或者自怨自艾的状

如何营造好你的亲密关系

态,驱散忧郁的阴霾,治愈心中的伤痛,而且还能避免无谓的争吵。

如果不知道如何安慰女人,可以试着做到以下几个方面:

一是,态度上完全支持她。女人有时候要的不是对错,而是对她的宠爱,当男人站在她这边的时候,她会有安全感,自然这便是对她最大的安慰。

二是,尝试着让她忘掉正在讨论的问题。如果她的话语只是一些无关紧要的埋怨,或者一些无聊话题的絮絮叨叨,那么男人可以试着讲个笑话,或者是带她吃点好吃的。让她离开正在讨论的话题,也许她会比男人还健忘,前一秒还愁容满面,下一秒就会喜笑开颜。

三是,不要试图指出女人的错误。女人有时候之所以抱怨,往往不是男人错了,而是她错了,她需要摆脱错误的影响,减轻自己犯错误的内疚感。所以,这个时候男人如果主动承担错误,帮她善后,解开心结,就是对她最大的安慰。

最后记得,在女人急需的时候,软弱的时候,孤

Part 3　亲密关系的重建和修复

独的时候，男人如果没有什么要紧的大事，就应该放下正在做的事情，第一时间聆听她讲的话。这时，只需要静静地守在女人身边，就是对她最大的安慰。

重建和修复亲密关系需要谨记的事项

前面的内容简述了修复亲密关系的一些技巧，那么在重建和修复亲密关系时需要谨记什么呢？罗兰·米勒和丹尼尔·珀尔曼两人的著作《亲密关系》中提到过"亲密关系的准则"，其中包括自主、相似、支持、开放、忠贞、共处、公平、魔力。如果能够以这些准则来要求自己，那么想要的亲密关系就会随之出现。

自主，要允许伴侣在亲密关系之外结交和保持兴趣，占有欲不能太强。

相似，和伴侣应该有类似的态度、价值观和兴趣，差别不要过大，如果没有，可以尝试学习，重要的是试着包容对方。

Part 3　亲密关系的重建和修复

支持，帮助伴侣提升价值，不要粗心大意和思虑不周，你的支持是对方最大的动力。

开放，真诚而又真实地进行自我表露，不要闭口不言，两个人可以定期做一次交流，比如开一次家庭小会。

忠贞，对伴侣保持忠诚和贞洁，不能出轨，不能不负责任。

共处，拥有许多在一起的时间，不要夜不归宿或者经常去其他城市，如果经常不在一起，那么不就成了最熟悉的陌生人吗？

公平，公正公平，不利用和剥削伴侣，不能去PUA你身边最亲密的人。

魔力，让你们的亲密关系保持浪漫，拒绝平庸。生活需要一些仪式感。

以上这些准则，可以看作是重建和修复亲密关系时需要谨记的，常常以这八个准则去审视亲密关系中发生的矛盾或不愉快事件，就能找出重建和修复你们的亲密关系的方法。

当然，如果有一天你的亲密关系真的出了问题，

如何营造好你的亲密关系

除审视自己找出解决方法外，也请积极去面对，不要自怨自艾。如果你想重新建立亲密关系，也请从与自己和解开始，让心静下来，接纳出现的问题，即使修复失败，也请你微笑面对生活。另外，要改变形象，变得好看起来，让自己更加自信，让对方再次见到你会感叹"士别三日，当刮目相看"。改变形象也包括内在的改变，你可以通过学习充实自己，从言谈举止上改变自己，让别人感到你从内而外都发生了真正的改变。还有，要开始学会与对方和解，要懂得欣赏、赞美别人，懂得感恩。

　　能做到以上这些，亲密关系的重建和修复自然能够水到渠成。期望分手的人越来越少，也期望分手的人能够重建亲密关系，即使不能破镜重圆，也希望能够从情伤中走出来，重新建立属于自己的亲密关系。

Part 4

如何选择适合你的亲密关系

love

本章提示：想要知道适合你的是谁，在亲密关系中你喜欢什么样的人，就要知道亲密关系的本质。溯本追源，才能知道自己适合什么样的关系，和什么样的人在一起会快乐。无论选择你喜欢的，还是喜欢你的，到最后可能都会归于柴米油盐的平淡，那如何让双方关系历久弥新，永远不减弱呢？

亲密关系的本质是什么

想要明白你需要什么样的亲密关系，就要从源头上去看。虽然在以上的内容中我们讲述了亲密关系的建立、发展，以及如何修复、重建亲密关系的内容，但是亲密关系在心理学上与很多方面有关系。根据不同的学者给出的定义，亲密关系和泛泛之交至少在六个方面存在差异：了解程度、关心程度、相互依赖性、相互一致性、信任度以及忠诚度。

要知道，亲密关系的双方彼此间有着非常多的了解，而且有很多私密性的了解。他们熟知彼此的经历、爱好、心愿和秘密，而且一般不会把这些信息透露给其他人。亲密的伴侣关心对方，彼此能从对方身上感受到更多的关爱。如果人们认为自己的伴侣了

如何营造好你的亲密关系

解、关心自己，其亲密程度就会增加。

亲密关系中的相互依赖性是指他们彼此需要的程度和影响对方的程度非常高，这种相互依赖是频繁、强烈、多样、持久的。当人际关系发展到相互依赖的程度时，一方的行为在影响自己的同时也会影响到对方。

由于这种紧密的联系，亲密关系的双方常被认为是一个整体，而不是两个独立的个体。他们表现出很高的相互一致性，这意味着他们认同双方在生活上的融合，自称为"我们"，而不是"我和TA"。事实上，这种称谓上的变化常常标志着亲密关系的属性。的确，研究者有时让亲密关系的双方来评定他们"重合"的程度，以此来评价他们亲密关系的程度。这种接纳他人的程度是测量相互一致性最生动、最直接的方法，它能有效地区分亲密关系和泛泛之交。

亲密关系的另外一个属性就是信任，这必须是一种无私的信任，双方彼此相信，才会相互依赖。能信任，双方既能坦诚以待，又能互相满足对方的一些个人要求和对幸福生活的向往。如果丧失了这种信任，

Part 4 如何选择适合你的亲密关系

亲密关系也常常会变得充满猜忌与疑虑，即使是多年的伴侣，如果丧失了信任，他们的关系也会走向破裂。婚姻里要求的是忠诚，其实任何一种亲密关系想要走到最后，都需要忠诚于他们的亲密关系，希望他们的亲密能持续到地老天荒。背叛在亲密关系中永远是可耻的行为。这种忠诚一旦丧失，曾经的恩爱情侣、知心朋友就会日渐疏远，即使还有联系也会变得貌合神离。

在亲密关系中，这六个方面的要求未必能全部实现，一般而言，最令人满意和最有意义的亲密关系应当满足所有六个要求，如果亲密关系中只满足其中某些要求，亲密程度就会削弱。正如不幸福的婚姻所揭示的，在整个过程中亲密程度波动极大。

所以要增进亲密关系，首先应该检查的是这几个要求有没有得到满足，做得是否够好。

相似相吸的本质是什么

喜欢一个人需不需要理由,从来都是比较玄的问题。有情饮水饱,说明有时候喜欢一个人不需要特别的理由。遇上一个喜欢你的人,对每个人来说都是一件幸事。但是单方面的喜欢,比不上互相喜欢、两人都一见钟情来得更让人庆幸。

一个人选择伴侣的时候,如果能遇上和自己刚好相像的人,有同样的背景、兴趣和品位,在一起总能感到愉悦,那是何等幸福呢?的确,优秀的人容易互相吸引。有人说,人际吸引基本的原则之一就是相像律:同性相吸——相类似的人彼此吸引。谚语"物以类聚,人以群分"说的也是这个道理。

在美国的一所大学里,研究者做过一次实验,让

Part 4　如何选择适合你的亲密关系

一些观点相似或不同的异性进行盲约。每对学生边喝饮料边聊天，相互了解。45分钟的盲约之后发现，观点相似的学生比不同的关系更亲密。为了证明以上结论，在美国的另外一所学校里，研究者让十几个男子挤在防空洞里并相处10天，其间不断地考评他们彼此之间的感情变化，结果发现能融洽相处的人都是共同点比较多的，如果有可能，他们甚至恨不得把那些与自己格格不入的人扔出去。

以上研究表明，同性相吸。相像的人彼此间是有吸引力的。

相像的人，并不仅仅指性格相像，也包括外貌方面相像，比如我们说的"夫妻相"。那么具体都指哪些方面呢？答案是几乎包括所有方面。

首先就是在年龄、性别、种族、教育程度、宗教信仰和社会地位等人口统计学上的相像。还记得你高中时最好的朋友吗？他们可能与你的年龄、性别、种族完全一样。人们甚至可能出人意料地想与和自己姓氏首字母相同的人结成伉俪！

其次是态度和价值观的相像。伴侣间的相似程度

如何营造好你的亲密关系

和彼此的吸引力有着简单直接的关联：共同点越多，彼此越喜欢。注意关系发展的走势，即相像达到一定程度之后，吸引力并不会下降，所以"共同点太多"并没有什么危险。

最后，伴侣们还可能有着相似的性格。特别是在长期相处中，处事风格和人格特质相像的人往往能和睦相处。具体来看，性格相像的夫妻比性格不同的夫妻的婚姻更加幸福。值得注意的是，如果你的性格有一些令人讨厌的弱点，较之没有这些缺陷的人，与同样有这些弱点的人相处会令你感到更加舒适，所谓"臭味相投"。如果你是个烦躁不安、忧心忡忡的人，你或许也想找另一个紧张兮兮的伙伴。快乐的人当然喜欢与快乐的人交往，但悲观的人更愿意与悲观的人接近，而不是那些有着阳光心态的人。安全型依恋一般更具有吸引力，但人际关系一旦建立，你或许会发现和依恋类型相同的人在一起更加舒心。如果你是回避型，那么回避型的伴侣能满足你保持距离的愿望；但如果你是痴迷型，另一个痴迷型的人就是好搭配。

Part 4　如何选择适合你的亲密关系

性格其实大多时候并不能互补，所谓"异性相吸"如果理解成性格相异相吸，有时候是不成立的。事实上两个人越相似，就越喜欢对方。那么，为什么有很多人相信性格互补，"异性相吸"呢？是否存在共同点越少就越喜欢对方的例子？你可能在你周围能找到一些性格迥异的情侣，但总的说来，性格差异太大在一起的不多。因此，要找一个性格差异大的伴侣，有一些微妙之处需好好去体会，就是必须在不同之中找到共同点。

如果去调查的话，你会发现那些性格相似的人组成的家庭一般比较幸福。当然也不排除个体差异，甚至有些人明显不般配——从性格、条件到长相，却也能在一起幸福生活。但这种情况不能仅仅从相异相吸去看，实际上这样的亲密关系比如伴侣，他们在更广泛的意义上进行了匹配，例如用才干换取与条件好的家庭联姻，或者是用姣好的长相换来跟富有的人结婚。这也可以说是"取长补短"，一个人用自己的优势来弥补不足，但总的来说，人们都在寻找与自己整体相当的伴侣。

选喜欢你的，还是你喜欢的

常常听人说，想找对象不能追，要靠吸引。你要有足够的吸引力，让对方成为你的异性朋友就是自然而然的事情。有一项调查表明，能力出众的人一般会选择喜欢自己的异性作为伴侣，而不是长得好看的。当然，长相好看也是一个重要的参考，但是人们会优先选择喜欢自己的。

当一个人寻找未来的伴侣时，可以用以下公式自我代入，来衡量自己对他人的实际兴趣，以及成为伴侣和建立亲密关系的可能性：

对未来伴侣的期望值＝伴侣的长相吸引力×伴侣接纳自己的可能性。

简单来说，如果其他条件相同，长相越好，对伴

Part 4　如何选择适合你的亲密关系

侣的期望值就越高；接纳自己的可能性越高，期望值就越高。也就是说，亲密关系中伴侣综合的吸引力，取决于长相吸引力和伴侣喜欢你的可能性的乘积。

如果有人喜欢你，但长相不堪一提，这样的人可能并不是约会的首选对象。同样，如果有人长相漂亮帅气，但并不怎么喜欢你，你也不用过多浪费自己的时间。当然，其中有些不可控的是判断的标准。众所周知，"情人眼里出西施"，也许你认为的长相不好看，在喜欢他的人眼里就是最好看、最美的。还有接纳程度也常会因为一些别的因素产生变化，比如"我喜欢吃梨，你却给了我一箱苹果"。有时候你越喜欢一个人，反而会离他越远，是因为在他的判断里，你的喜欢反而是对他的某种折磨。总之，选择喜欢你的人，还是你喜欢的人，并不能光靠一个简单公式来判断。你要知道有时候喜欢是需要舍弃一些东西的，比如，你如果喜欢就不要以大众的眼光去评价对方的长相，而是要看自己的内心是否接纳对方。

除了长相和喜欢你的程度，时间、金钱、耐心等等，都是衡量能不能建立亲密关系的因素。另外，亲

如何营造好你的亲密关系

密关系中的感情获得需要双方都在以后的日子里互相付出。

究竟是选择喜欢自己的还是自己喜欢的,看了以上内容,相信很多人已经有了答案,即一般会先看眼缘,再选择喜欢、接纳自己的人。选择喜欢自己的人,是大多数人的选择,因为人们几乎不愿意被拒绝。

美国学者曾经在某大学做过一个实验,实验中男生必须选择观看电影的座位。他们有两种选择:是选择只剩美女旁边一个空位的剧场,还是选择空无一人的剧场。大多数男生都希望能结识美女。然而,坐到美女身边就有被拒的风险:他们的意图太过明显,美女可能会不搭理他们,叫他们"走开"。

我们来看看男生们的选择结果。实际上,根据实验数据,当两边播放的是同一部影片时,只有25%的男生敢坐在美女旁边;但当两边的影片不同时,有75%的男生敢这样做,因为此时他们的意图比较模糊,美女不太可能拒绝。

研究者于是得出结论,这些男生中有很大一部人利用了这种不确定的情境来接近美女,而不是真想看这部影片。因为研究者不断交换两个剧场放映的影片,不管美女那边放映的是什么影片,都有四分之三的男生选择坐在美女身旁!这也说明,很多人在追求的初期,一般会选择自己喜欢的。也就是说你喜欢的人,很可能不喜欢你。这时候该怎么办呢?

这就涉及高适配价值,有很多热烈的追求者,他们可以合理地期望大多数人都会对自己有兴趣,因此,他们对伴侣的要求也很高。例如,"美女配英雄",高颜值的女人一般会选择条件比较优秀的男士作为伴侣,除了优渥的经济条件,她们还希望对方能关心爱护她们、身材健硕等。如果她们的适配价值足够高,或许真能吸引到这么完美的伴侣。但一般来说,没有十全十美的存在,所以她们会根据自己的人生经验进行一些取舍。

如果你喜欢的人不喜欢你,也不要想不开,这个时候要做的就是精进,提升自己。"自强不息"才能"厚德载物",只有这样才能提高你的适配价值,吸引更多喜欢你的人。但是,一个人在短时间内很难提

如何营造好你的亲密关系

升自己,而且要改变自己的命运有时候除了努力和勤奋外,还需要其他很多种因素。所以,有时候你可以试着找那些拒绝了很多人却又能高兴地接纳你的人,这些人才是接纳你的正缘。

如何成为对方心中需要的那个人

在人情往来中,很多人喜欢锦上添花,却很少有人喜欢雪中送炭。但在人的情感发展中,"雪中送炭"的行为却最能打动一个人的心。我们在追求伴侣时,常常会忽视"雪中送炭"的功效,冷漠对待那些需要关注的人,却疯狂追求那些曝光率高的人,在激烈的竞争中败下来也就不奇怪了。还有就是,忽视对方的即时需求,只给出自己认为对方需要的,或是出现的时机不对,对方以前需要,现在已经不需要了,这对于亲密关系的营造益处不大。

在前面的内容中我们讲到,追求不如吸引。其实这个道理很多人都知道,甚至从孩童时,有些人就喜欢吸引别人注意,尤其是刻意地去展现自己的优点给喜欢的人看。

人们渴望成为引人喜欢的人，却忽视了那些喜欢自己的人。常常觉得因为性格相投在一起的人，只是和自己在行为习惯上相像，而不是出于内心的爱恋。于是，把经常一起玩的人都当作好朋友，甚至当作可以结拜的兄弟姐妹，但往往有些真心喜欢你的人就藏于其中。

不信去看，那个随叫随到，不嫌弃你，不怕你麻烦的人就是被你称为"闺密"或者"哥们"的人，这便是"最好的爱，是在我需要的时候你都在"。所以，有时候不妨改变一下观念，如果真的能够互相匹配，何不考虑一下对方呢？别到最后，像纪梵希与赫本的旷世情缘一样，让人惋惜。纪梵希不离不弃，他欣赏赫本的美丽，能发掘出赫本独特的魅力，能够懂得赫本的任性，说"我愿意为你做一切事"，他也真的做到了。赫本到晚年也曾说："有一些人我是深深爱过的，他是最正直的一个。"但是他们却错过了。这就是现实，究其原因，很多人是因为对未知和理想型的追求大于对一成不变的生活的追求。《阿甘正传》中的珍妮就是这种人。她相信阿甘会成为一个好丈夫,但是面对阿甘的求婚,珍妮却离开了,她给出的理由是:"你不会娶我这样的女人。"其实珍妮知道,这是因为她内心对外面生活的向往造成的。

如果满足了对方的需求,却连续追求失败,该怎么办呢?我们说纯粹的友谊也是存在的,多一个喜欢自己的朋友总比少一个要好,两个人在一起久了自然会懂得对方的情绪、爱好,甚至会越来越相像,这不稀奇,但也很珍贵,遇见了就请珍惜。

那么,如何区分我们身边那些喜欢我们的与只想与我们做朋友的人?又如何不错过那些在一起什么都懂你的人?这是一个人成长中需要不断去研究的命题。可以知道的是,多做一些雪中送炭的事,成为对方需要你在的时刻能够及时出现的人,那么你们的关系将会更紧密起来。

亲密关系中对爱的需求有哪些

在前面的内容中讲到了，要成为对方需要的那个人，就要满足对方的需求。需求除了提供看得见的帮助，也包括情感需求。有学者分析，情感需求大致可以分为十二种。男人与女人各自有着六种最重要的情感需要，它们的重要性不相上下。通常来说，情感上男人最需要的是信任、接纳、欣赏、崇拜、认可和鼓励，而女人最需要的是关爱、理解、尊重、忠诚、体贴和安全感。如果洞悉了这十二种需求，就能够彻底了解伴侣的心理状态与情感诉求，为对方提供真正的情感支持。

下面将其列表并加以分析，仔细阅读后，你就能明白为何你的伴侣总觉得你不够爱他。更为重要的是，在你不知道如何与异性交往相处时，这份清单可以帮你指点迷津，找到与对方相处的途径，改善你们的情感关系。

男人与女人的十二种基本情感需求

男人的需求	女人的需求
信任	关爱
接纳	理解
欣赏	尊重
崇拜	忠诚
认可	体贴
鼓励	安全感

通过这个表可以对你的基本情感需求做个初步的了解。

不论是谁，都需要了解以上这十二种不同表现形式的需求。而且，并不是说女人的这六种需求，男人就不需要了，男人同样需要关爱、理解、尊重、忠诚、体贴和安全感；同样，对于女人来说，她也需要信任、接纳、欣赏、崇拜、认可和鼓励。在这里之所

如何营造好你的亲密关系

以将其分成六种对照来说，只是因为这六种需求在他们各自心里占据首要地位，必须先满足了它们，才能去满足其他需求。

也就是说，男人必须首先得到自己最需要的六种爱，然后才能接受和欣赏女人最需要的关爱、理解、尊重、忠诚、体贴和安全感；女人也同样需要信任、接纳、欣赏、崇拜、认可和鼓励，但在得到自己最需要的六种爱之前，她无法真正重视这些爱。

理解对方最需要的爱，实际上就相当于掌握了改善情感关系的神奇秘方。女人很容易将自己需要的爱强加给男人，却忘记了男人需要截然不同的爱。男人也有这样的倾向，他过于关注自己的需求，而忘掉对方的需求。

因此，以对方的需求为关注重点，想对方之所想，急对方之所急，给予对方最需要的爱和情感支持，才能让爱情历久弥新，坚不可摧。

下面就十二种爱的需求理论，相互对照，分为六方面来解析一下。

Part 4　如何选择适合你的亲密关系

1.女人需要关爱，男人需要信任

男人对女人展现了爱慕之心，他的行为处处透露出对女人的关心呵护，女人的基本需求就得到了满足。她感到自己被珍爱和照顾，她觉得在男人的心目中，自己的地位独一无二、无与伦比，自然而然，她内心就会滋生出更多的爱，让她更加信任男人，乐于接受男人。

只有女人对男人全然接纳，而非试图改造，男人才会感觉到女人的爱。女人对男人展现出信心，会极大地激励男人，帮助他释放出巨大的潜能，从而为双方创造更好的生活。此时，男人的第一种基本情感需求便得到了满足，男人于是更加关心和爱护女人，竭尽所能带给她更多的欢乐。

2.女人需要理解，男人需要接纳

倘若男人能够倾听女人的心声，不妄自评判，对女人的心情感同身受，给予理解与同情，女人的第二种情感需求便得到满足。理解女人并不需要了解事情的来龙去脉，而只需要静静倾听，从女人的诉说中收集信息，继而肯定女人的感受。男人越能倾听和理解女人，就越能被女人欣然接纳。

　　如果一个女人从来不试图改造伴侣，而是满怀爱意地接纳真实的他，男人便能感受到她的爱。接纳男人并不意味着女人认定男人完美无瑕，而是说她并不强迫他接受改造，相信他会自我完善。男人由此明白，即便他有缺点，女人依然能包容他、接受他。男人感觉自己被接纳了，就更乐意理解和倾听女人，满足她的需要。

　　3.女人需要尊重，男人需要欣赏

　　如果男人保证事事以女人为先，把她的权利、愿望和需求放在首位，尊重她的想法和感受，女人就能感受到男人的尊重。适时送上鲜花，牢记结婚纪念日，等等，各种表达尊重的行为都传递出男人对女人忠贞不渝的爱，满足了她的第三种情感需要——获得男人的尊重。女人如果感受到了男人的尊重，就会更容易对男人心怀感激。

　　当女人感激男人所做的一切，并承认对方帮助颇多的时候，男人就会有被赏识的感觉。这样他会觉得自己的努力没有白费，并深受鼓舞，打算付出更多，同时也会让自己变得充满力量,更尊重自己的伴侣。由此,女人得到了尊重,而男人获得了赏识,这样就都满足了各自的第三个情感需求。

4.女人需要忠诚,男人需要崇拜

当男人优先考虑女人的需求并竭尽所能地支持她、成就她时,那么她的第四种情感需求就得到了满足。当男人向女人表达自己深深的爱慕,并把她视为自己生命中的唯一的时候,女人就会彻底绽放。当男人把女人的感受和需求放在比自己的兴趣,如工作、学习、娱乐更重要的位置时,她渴望被爱的情感需求就能得以实现。当女人感到自己是男人生命中最重要的人时,崇拜自己的男人就变得自然而然了。

正如女人希望得到男人的忠诚一样,男人渴望女人的赞美和崇拜。他希望自己在女人心目中的形象高大威猛,富于男子气概。如果女人对男人身上众多的优点和才华赞叹不已,比如幽默、力量、毅力、正直、诚实、浪漫、善良、温柔、体贴等,他就会感觉到女人的仰慕和崇拜。由此,他就能鼓起勇气为女人竭尽所能,比以前更加疼爱她。

5.女人需要体贴，男人需要认可

如果男人从来不怀疑或横加指责女人的感受，并且能理解和接受女人的各种想法和情绪，女人就能真正体会到男人的爱，她的第五种情感需求就得到满足了。男人的体贴是指男人要尊重女人萌生各种感受和情绪的权利。男人能以这种包容体贴的态度对待女人，那他必然也可以从女人那里获得自己应得的认可与赞同。（千万要记住，男人包容女人的观点的同时，也可以保留自己的观点。）

每个男人在内心深处都渴望成为女人心目中的英雄。他渴望成为身披闪亮铠甲的勇猛骑士，为女人披荆斩棘，满足她的愿望，给她带来幸福。女人的认可意味着男人身上的优点和品质让女人深感满意，已经通过了她的严格考验，也说明他值得女人去爱。认可的态度实际上意味着女人透过男人的行为看到了他身上更深层次的优秀品质与人格魅力。（记住，认可男人并不一定要唯唯诺诺，认同他做的每一件事。）男人一旦获得了女人的认可，就会深受激励，对女人更加体贴。

Part 4　如何选择适合你的亲密关系

6.女人需要安全感，男人需要鼓励

男人不断地向女人展现他的关爱、理解、尊重、忠诚和体贴，以实际行动为女人无私奉献，女人就得到了她所需要的安全感。这里所提的安全感是指男人必须让女人感受到爱的不断延续与持久。

男人常常有这样一个错误观念：只要他一次性地满足女人所有的情感需要，从此以后她便能心满意足了——她会一直拥有男人的爱，从此别无他求。事实并非如此。男人要记住，如果想满足女人的第六种情感需要，他就必须保证不断地支持和安慰女人。

相应地，男人需要女人的鼓励。女人的鼓励能给男人带来希望与勇气，促使男人充分展示他的能力和优秀品质。倘若女人的鼓励中包含着信任、接纳、欣赏、崇拜和认可，男人就会受到极大的鼓舞与激励，就能将自己的才华和能力发挥到极致。受到鼓励的男人也将一次又一次不厌其烦地安慰女人，给女人更多的爱、信任和理解。

男人得到了第六种情感需要——女人的鼓励时，他就会展现自己最美好的一面。若是女人对伴侣的情

如何营造好你的亲密关系

感需求一无所知,只从自己的角度出发,给予男人过多的关心而非充分的信任,就会挫伤男人的尊严,最终损害两人的感情。

现在的我们需要什么样的亲密关系

我们都知道，人是社会性动物，"爱"与"被爱"是人的基本需求。然而，大多数人并不擅长处理两性关系，与伴侣亲近的同时总会产生这样那样的问题。于是，本来应该带来美妙体验、快乐享受的亲密关系，带来的却往往是失望、痛苦，甚至怨恨。

现在这个社会，物质太过于充沛。我们所需要的一切都可以通过其他东西来代替。大家似乎都不怎么愿意去谈恋爱了，问起就说，手机游戏不"香"吗？自己一个人不好吗？想干吗就干吗。甚至还有了"单身上瘾"一说。在这种情况下，人们甚至都会怀疑，真的需要谈恋爱吗？

那么我们为什么需要亲密关系呢？

如何营造好你的亲密关系

在社交生活中，和他人的关系是我们关注的中心。举个例子，大家看过电影《肖申克的救赎》吧？在那个令人闻风丧胆的监狱里，最严重的惩罚居然"只是"关禁闭。以前我一直不理解，可是现在我理解了。因为在一个很小的黑漆漆的房子里，独自一个人，你会无比地向往外面的世界，无比地想与人接触，但是你不能。在这种情况下，希望和孤独会把你吞噬，把你毁灭。

马克思说："人是一切社会关系的总和。"

人是社会的动物，任何一个人完全脱离社会，严格意义上讲已经不能算是人了。

不过，虽然没有人关我们禁闭，我们每天都会和很多人产生短暂的接触，但这对于我们来说仍然远远不够。人类需要亲密关系，因为亲密关系与普通的人际交往不同，亲密关系能满足我们的归属需求。那么，什么是归属需求呢？在美国心理学家马斯洛的需求层次理论中，归属需求是仅次于生理需求和安全需求的第三层次需求，它维护着我们内心的安宁，是我们人类的一种本能。也就是说，我们的幸福感在很大

Part 4　如何选择适合你的亲密关系

程度上取决于归属需求得到了多少满足。为了满足归属需求，我们努力和他人建立并维持亲密关系。一旦我们的亲密关系出现危机，我们就会魂不守舍。这也充分表明了亲密关系对我们的重要性。

在《亲密关系》一书中，作者给出了一份研究报告，展示了亲密关系的缺失对人的影响。通过这份报告可以总结出一个规律，那就是缺乏亲密关系会损害人的身体健康。

比如，当人孤独无伴时，免疫反应会变弱，更容易感冒；在人的一生中，朋友和爱人都很少的人，寿命往往更短，早逝的概率也比正常人高两到三倍。也就是说，拥有良好的亲密关系不只是让我们感到幸福，还能让我们更加健康。

亲密关系不仅让我们的生活更加健康快乐，更重要的是，良好的亲密关系会让人拥有更高的自我认同，也就是会让人拥有高自尊，从而有益于人的身心发展。

自尊从何而来？很大程度上，我们的自尊来源于别人的评价。如果一个人的人格和能力经常得到别人

如何营造好你的亲密关系

正面的评价，那么这个人就比较容易拥有高自尊；相应地，如果总是遭到质疑，这个人就会是一个低自尊的人。比方说，如果人们认为一个人对异性很有吸引力，那么这个人的自我感觉就会非常好。

《亲密关系》的作者提到了这样一组实验，实验者召集志愿者组成了若干兴趣小组，随后在每个小组中开除一些人。不同的是，在一部分小组中，被开除者是随机选定的，也没有给出任何解释；而在另一部分小组中，开除谁由组内成员投票决定。然后实验者去访问被开除者的心情。面对同样的结果，被投票开除的人明显要感觉更加糟糕。这就说明，我们对自己的评价极大地受到别人看法的影响。

人类的社会性决定了，如果别人都不喜欢我们，我们也很难喜欢自己，自尊心也会因此比较低。社会测量学的主导理论认为，自尊是人们的"社会关系测量仪"，我们用自尊来衡量人际关系的质量。亲密关系会让我们感觉被认可，帮助我们修复低自尊，建立高自尊。高自尊者往往比低自尊者更加容易获得成功，因为他们面对困难和挫折时仍然可以充满自信，

Part 4　如何选择适合你的亲密关系

永不气馁。

由此可见，亲密关系不但可以满足我们的归属需求，也会增加我们的自我认同，而缺少亲密关系会影响我们的身体健康，所以，我们需要亲密关系。

有人说谈一场高质量的恋爱，胜过读百本哲学书。有时候，确实是这样的，你在一段亲密关系中才会发现自己本身有这么多的"黑洞"需要治愈，换言之，就是有很大的成长空间。希望每个人都能拥有高质量的亲密关系，获得更好的成长。

Part 5

如何在亲密关系中成长

love

本章提示：好的亲密关系如同一所学校，能让你在其中不断成长。人与人的关系也会随着时代的变迁而有所改变，脱离时代发展讲关系就如同无本之源。但身处在日新月异的时代中，如何才能把握好自己的亲密关系呢？这就要求你学会一些辨识的能力，例如避免被PUA的能力、与人和睦相处的能力等。

让你的亲密关系与时俱进

我们常常听人说,"人是会变的",其实每一段关系也会发生变化,有些是慢慢改变,有些是突然改变。这就要求身处其中的人,能够随机应变,与亲密关系的变化保持同步,让每一段亲密关系都得到一个美好的结局。

分析每一段亲密关系的发生和发展都要结合当事人的情况,例如当事人的心理、所受的教育、性格、家庭环境,还有激发亲密关系发生改变的特殊事件等。在网络和科技迅猛发展的现代社会,人际关系的变化也比想象中发生得更快,"以前的车马很慢,一生只够爱一人",现在关系的发展超乎很多人的想象,比如现在的离婚率就达到了一个惊人的数字。有

如何营造好你的亲密关系

则新闻报道说，中国2020年离婚率最高的省份第一季度的离婚率为71.51%，相当于十个人中至少有七个人会离婚，而2020年全年全国平均离婚率为39.33%，相当于十个人中有四个人会离婚，甚至个别地区离婚率达到60%以上。这些数据都是惊人的。以前我们听到过婚姻是围城的说法，里面的人想出去，外面的人想进去，而现在我们可以看到，勇敢去围城外面的人越来越多，但又没有多少人考虑背后的原因。其实这都是亲密关系出了问题。所以如何维护好自己的亲密关系，在当下也越来越重要。

我们要知道的是，随着时间的变化，环境的影响，阅历的增长，一个人对事物和人的认识都会有所变化。所以想要拥有一段美好的亲密关系，双方都应该与时俱进，不能拘泥于陈腐的思想中，处处约束对方，或者不敢去尝试和面对新的思潮，从而破坏了双方的亲密关系。

希望每一个想要拥有爱人和伴侣的人，都能够把自己的亲密关系处理好，为自己的生活带来更多的幸福和快乐。最后提醒每一个寻找伴侣的人，世上没有

Part 5　如何在亲密关系中成长

唯一只能成为你的伴侣的人，若了解自己，能找到相宜的类型，那么是可以体验到相伴的幸福的；若不幸找到的不是与你相宜的类型，也别气馁，你可以整装待发，蓄芳来年。

总之，亲密关系对于大多数人来说，只是人生中自然出现的，不要把问题复杂化，更不要为了一段亲密关系赔上你的一生。如果爱人出现了，就请牢牢把握住！没有出现，就做好自己，静心等待。

如何避免被PUA

近些年我们看过很多婚恋悲剧，而悲剧的源头就是一方被PUA，其中受害者多数为女性。该如何保护好自己不被PUA呢？

首先，PUA文化的核心其实就是吸引力。这也是很多教人恋爱搭讪的情感导师经常说的"要去吸引"，于是街头出现了很多打扮靓丽的搭讪族，以及假装富豪、名媛的人。这便是PUA里最基本的一点，即通过外在来吸引别人。这就要求不想被PUA的人对这些经过修饰的外表免疫。要是一个人没事总是发一些华丽的自拍，那么你可要注意了，在没有完全了解的情况下，尽量少和这些人联系。

其次，PUA文化的第二个阶段是对方会用高价值

Part 5 如何在亲密关系中成长

的付出先让你尝到甜头,然后慢慢索取回报,直到把你变成受害者。很多人提倡"女孩要富养"。"富养"本来指的是丰富的养育,除了物质,还有精神、技艺层面的丰富。可现在很多人把"富养"认为只指物质富足,提前让自己的女儿多见识高档的生活。这可能也是PUA文化的影响。不能让自己的女儿被一次高档的就餐环境、一个名牌包俘获,因此被人PUA。想要避免被PUA,就不要停留在物质享受上,要知道天下没有免费的午餐,要注意那些带你吃好的,玩好的,送你高档礼物的人,等他说"我当时对你多好,你怎么不帮我的时候",就是对方要开始PUA了。

再次,引导你不断付出,让你的沉没成本不断增加,最后不忍离开,挨宰认栽。这可以看成PUA的第三个阶段。一开始只要你做了一点付出,对方就会给你一点点奖励,到后来你做得越多,奖励越少,直到没有奖励。这些奖励除了物质奖励,也包括情绪的反馈,比如对你笑脸相迎、语言夸赞等,而其中有一点非常重要,如果你不付出就没有奖励。这种PUA的过程,如同钓鱼一样,总是会放一些饵在鱼钩上面,引诱你付出更多。为了避免被PUA，这个时候你要做的就是千万不要付出，如果已经付出，那么就不要再持续付出。还有，吃亏以后要果断离开，不能因为对方一点点甜言蜜语就回心转意。

被PUA到最后阶段，除了受制于施PUA者，被PUA的人反过来会帮助施PUA者，甚至对施PUA的人产生好感，或是爱上对方，有些甚至会帮助施PUA者去PUA更多的人，进而构成了犯罪，有些施PUA者还会以此作为威胁牢牢地控制住你，一直帮着他做一些不法的勾当。这便是人们说的斯德哥尔摩综合征或斯德哥尔摩效应。这个时候双方已经毫无亲密关系可言，对方只是想要控制你，剥夺属于你的一切。如果你发现你遇到这样的施PUA者，千万要保持清醒，不能成为施PUA者的帮凶，如果有机会逃出来一定要尽可能想办法逃出来。

以上所说的主要是PUA的几个阶段，也给出了一些应对的方法。有人可能问：我如何才能防微杜渐，一开始就不被PUA呢？简单来说，就是要选择对的

Part 5　如何在亲密关系中成长

人去交往，你选择诚实、可靠、善良的人，怎么会被PUA呢？那如何选择呢？这就要从人品上去选你的亲密关系伴侣。

甄别一个人的好坏是比较难的，两条原则要牢记：一是不能被外表蒙骗；二是不要为欲望买单。那么具体落实到日常操作上应该怎么做呢？有人为此总结了四个方法：

第一，做人要有边界感，建立保护自己的意识。例如，女孩一个人外出，不喝酒，不在外边过夜，收到贵重物品，如果没有相应回礼的话，可以退回给对方。

第二，不断地提升自己，提高自己各个方面的能力，扩展自己对世界的认知。我们知道有远见卓识的人一般很少被PUA，因为他们做得最多的就是提升自己，你想PUA也PUA不了。

第三，你的善良必须有点锋芒。有时候你被PUA，只是因为你的善良被人利用，让自己处于不利场面。当然，这里的锋芒不是指要像恶人一样，你可以机智应对,只要比恶人棋高一着就行。

第四,做一个勇敢的人,敢于反抗关系中的不公。如果你发现自己被PUA了,千万要站出来与对方说再见,不可再深陷泥潭,一错再错。

学会爱和被爱的能力

我们说爱情需要经营，经营并不是一时兴起，而是要长长久久认真去做的事情。有位情感专家说，他发现，在两性关系里，最扎心的不是身体没有亲密接触，也不是三观不和，而是缺乏爱的能力。

很多人以为，讨好对方，为对方付出就是爱，甚至于卑微地满足对方所有要求。在他们的眼里，只有对方高兴，他们才会高兴；而对方一旦不高兴，或者要离开他们，他们就会陷入自责中，还会抱怨对方，甚至义正词严地进行讨伐。例如，有位名人与自己心仪的女神结婚后，却因为感情不和，不到三个月便跟人离婚了，而在之后的很长一段岁月里，这位名人一边埋怨着前妻，一边对她牵肠挂肚，甚至在临终前还

如何营造好你的亲密关系

惦记着对方……可以看出，他其实一直还都喜欢着自己的前妻，双方之所以离婚，只能说他们在一起的时候，没有学会正确的爱对方的能力。

没有学会正确爱对方的能力会有什么表现呢？

一是，容易被PUA。因为你所表现的爱与付出，完全是对方引导和要求的，而不是你想要的和甘愿的，在这样的亲密关系中，你自己想要的始终没法表达出来。

二是，只会等待，把爱的主动权交给了对方，在对方面前强硬不起来。如果你只是在等，在期待，那么你不会被正确对待，得不到真正的爱情也就不是什么奇怪的事情了。有可能你尝试过争取爱的主动权，但是失败了，因为你不够坚决，你习惯性地去等待，很少争取自己应得的权利。

三是，在爱中变得卑微，怕自己被厌烦，怕失去对方，到最后性格也变得软弱。卑微就会丧失自信和自尊，慢慢地也会看不起自己，活在患得患失中。

那么怎样学会正确地爱对方呢？

首先，我们说爱是双向的，并不只是一方付出，

Part 5　如何在亲密关系中成长

所以如果你是付出的一方，就要学着让你的爱有价值，用你的爱换回你需要的价值体现。比如你早上为对方做了早餐，就可以要求一个拥抱，一句夸赞。

其次，要学会把控自己的爱情的主动权，不能把人生中最重要的亲密关系交给别人。自己不主动，总是等待对方来主动爱你，或是一发生矛盾就总是去场外求援，都是亲密关系中的大忌。前者容易错失良缘，后者容易产生矛盾。清官难断家务事，爱情是两个人之间的事情，旁人插进来，反而是一种多余。

再次，把亲密关系看成一种平等的关系，别让自己爱得卑微。试着和对方做一些平等的交流，当对方对你冷漠或者不礼貌时，你要记住及时反映自己的情绪，甚至可以和对方大吵一架。人们常说"柿子挑软的捏"，如果你一味纵容，就要知道"被偏爱的总是有恃无恐"，到时候再后悔可就怨不得别人了。

正确地爱对方的方法还有，在生活中创造一些浪漫，学会幽默，学会理解和包容，关注对方的情绪，学会换位思考，等等。

总之，学会爱的能力，才能获得爱情。但是获得

如何营造好你的亲密关系

爱情，并不能说就能长久幸福下去，还要学会被爱的能力。只有学会被爱的能力才能享受到爱情的美妙之处，不然，只是一味地去付出爱了。

那么怎样学会被爱呢？

会爱别人，是一种难得的能力，如何被别人爱，尤其是能够在被爱以后做出适当的反应，无疑更是一种难能可贵的心理能力。很多人之所以分手，就是因为只会爱别人，而不知道怎么被别人爱。

首先，要做一个情绪稳定的人。有一句话说："最好的爱情是你在闹，他在笑。"这句话要表达的意思并不是他在笑着看你闹，而是说出了一个永远定格的画面：不论你什么时候在闹，他都是以微笑面对。这说的就是稳定的情绪。对方不会让你感觉相处太累，永远提供给你一个稳定、安全的情绪环境，让你觉得跟他在一起很舒服。

其次，给对方提供情绪价值。生活中不会被爱的人往往是一些木讷的人，他们主要不会给别人提供情绪价值。那么如何给对方提供情绪价值呢？主要包含会倾听，会提问，会迎合。倾听的能力，本书多次提

Part 5　如何在亲密关系中成长

到，倾听会让对方觉得你尊重理解他，而学会提问会让对方觉得你不是在敷衍他，因为仅仅是倾听，时间长了对方会觉得你是在装腔作势，不是真的在倾听。会迎合，这里说的不是拍马屁，而是想对方所想，做对方所需，体现的是一种充分的在意感，让对方感受到了充分的尊重，也是心灵契合的一种外在表现。

再次，难得糊涂。聪明的人有时候会给人一种心理压力，而那些看上去有点糊涂的人，却能赢得友情和爱情，尤其是爱情中的难得糊涂，会让对方更多地表现自己的智慧，跟你在一起就会有很多成就感和满足感。

最后，要能够提供自己被人不断需要的价值。被需要不仅指的是物质需要，还有你的内在价值，这就要求你不断地去学习。因为一个人的需要在每个时间段是不一样的，不断充实自己，提升自己的价值，让自己能跟上对方日益变化的需求，才不至于成为被冷落的那位。

爱情的美妙之处在于，它能鬼使神差地改变一个人。学会爱与被爱对每个人来说也是一次成长。爱情

如何营造好你的亲密关系

的迷人之处是充满了偶然性，这就是所谓的缘分，有时候想逃也逃不掉。当你遇到对的人的时候，请珍惜；遇到错的人的时候，也不要自怨自艾。没有人能够提供一种方法，让你百分百获得美好的爱情，并使这种爱持续到生命的终点。只有不断地学习爱和被爱，才能真正把握住属于你的那份爱，感情的堡垒也才能固若金汤。

火星人与金星人怎样和睦相处

"火星人来自火星,金星人来自金星",这种说法来源于古希腊传说。古希腊人认为火星神是战神阿瑞斯,金星神是爱神阿佛洛狄忒(在罗马文化中被称为维纳斯),战神代表勇猛善战、脾气火暴,而爱神代表美丽、温柔、细腻,他们的差异很大。那么火星人与金星人相处的秘诀是什么呢?首先得尊重彼此的差异。

火星人要记住,金星人是通过倾诉来消除烦恼、得到满足的,所以有时候她喋喋不休是只为博取火星人的关注。因此,火星人应该明白,在一旁关切地聆听就是对金星人最大的支持。金星人也应该尊重火星人需要通过退回"洞穴"的方式来应对压力。他藏身的"洞穴",不是什么见不得人的神秘之处,金星人也大可不必非逼迫他从洞里出来,但有时候金星人的激励是他走出"洞穴"的动力。

火星人要明白的道理

火星人要明白,金星人的大肆攻击、责备抨击,只是暂时的。她的坏情绪很快就会过去,就像夏天的雷雨来得快也去得快,用不了一会儿,她又会雨过天晴,笑逐颜开了,她又变成原先那个对你温柔体贴、赏识有加的可人儿。火星人只要用倾听这服灵丹妙药,就能让金星人痛快淋漓地倾吐自己的问题,使金星人恢复生机,神采奕奕。

火星人终于了解金星人倾诉的需求之后,也会获得一份安静,因为他不用再为揣测金星人心里想什么而惴惴不安,害怕辜负了心爱的金星人。而且,他发现,只要金星人感到有人在倾听自己的心声,她自然就会变得更通情达理。理解了这些,火星人就会好好地倾听,而不会时时觉得自己要解决金星人提出来的每一个问题,回应每一个喋喋不休的抱怨。

Part 5　如何在亲密关系中成长

　　许多火星人,甚至一部分金星人,对倾诉烦恼这件事嗤之以鼻。因为他们从未体验过倾诉能带来的心灵治愈效果。他们不会知道,一旦金星人意识到终于有人肯耐心倾听自己的内心世界,她的态度就会立刻来个180度的大转弯,瞬间变得积极愉悦。

　　但是,他们大部分看到的都是一个金星人(这个金星人很可能就是自己的母亲)是如何不被理解而苦苦挣扎于糟糕的情绪中,使事情变得更坏。在那些长期缺乏爱情滋润、找不到心灵知己的金星人身上,这种情形尤为多见。真正的症结在于,她感到没有人爱她,真正地关心她。

　　火星人学会倾听以后,他会惊喜地发现,倾听金星人也能帮助他从自己的"洞穴"里走出来,精神也会渐渐放松下来。这种减压的效果,几乎等同于他埋头读报纸或者看电视所带来的惬意。

　　相似地,火星人学会倾听以后,他会轻松愉快很多。倾听有助于他忘却一天的烦恼,同时又能给爱人带来莫大的满足感。然而,当他承受非同寻常的巨大压力时,他仍需躲进"洞穴",通过读读书、玩手机

如何营造好你的亲密关系

等分散注意力，然后慢慢走出来。

金星人要明白的道理

金星人要明白，火星人暂时的退避，也就是钻进"洞穴"并非意味着他对你的爱已日渐枯竭，很多时候是因为他受到了压力和伤害，而这时他需要的是自我恢复。金星人应该懂得在这种时候火星人最需要的是接纳和信任，因为他正经受着前所未有的巨大压力。

火星人要是没有集中精神听你讲话，请别因此而生气。你应该先停下来，看看他在做什么，让他注意到你所要讲的问题，等到他重新集中注意力后再说下去。不能一味地把火星人当成自己情绪的"垃圾桶"。你要明白，想得到火星人每时每刻百分百的关注，这相当不现实。如果你想让火星人把目光投向自己，就用一种让对方容易接受的方式来提醒他，不仅仅要做到态度温和，还要在他需要的时候学习成为他认可的角色出现，比如当他需要一位玩伴的时候，就不用那么拘束，当他需要一位兄弟的时候，你就可以

Part 5　如何在亲密关系中成长

放心大胆地跟他称兄道弟，能这样做的金星人人缘都不错，很容易被火星人接受。

如果火星人想待在"洞穴"里，根本不想与外界接触，你需要调整自己的状态，不要小题大做，自寻烦恼。你要明白，此时不是和火星人亲密无间交流的好时机。你要自己找点别的事做，去购物或者找别的朋友聊聊天也是不错的选择。当火星人渐渐明白你充满爱意的接纳和体恤时，他自然会更快地走出"洞穴"，紧紧地与你相拥。

如何避免无谓的担忧

这个世界上最可怜的是那些不论做什么都充满了担心，也因此被各种言论左右的人。他们成为"每日病症俱乐部"中的一员，总有无数的担忧。

在亲密关系中，有些人总是担心对方不理自己，不回复短信息，或是对方喜欢别人了，活在爱无力的恐惧中。那么如何避免这种无谓的担忧呢？

一、练习情绪控制。当你发现自己开始有压力，比如有焦虑、恐惧等不好的情绪时，马上冻结它们，阻止它们蔓延，同时以健康的情绪，如冷静、勇气、决心、谦让或快乐来替代。

二、时时刻刻都要持有这种想法：我要让自己保持思维冷静和心情平和，就现在。

三、当生活顺遂时，便专注于快乐之中，让自己尽情享受令人愉悦的欢乐时光。就是上学时老师经常说的，"学的时候好好学，玩的时候尽兴玩"。

四、当命运多舛时，尽可能地让自己心情开朗愉快。用诙谐幽默轻松面对困境，尽管这与你的处境不适合。

五、避免让自己活在不幸之中。首先不要总是回忆过去的不幸，不要让自己生气、心烦意乱或歇斯底里，努力把每一次失败转变为成功。

努力拥有以下几种品质：

沉着——"让我保持冷静"。

谦逊——"让我冷静地接受挫折"。

勇气——"我有勇气，还能承受更多"。

决心——"我会把失败转变为成功"。

快乐——"能屈能伸，永不放弃"。

愉悦——"与人为善"。

如果你能在生活中保持这些品质，那么你在亲密关系中遇到挫折时，也不会失去生活的信心，更不会因为无谓的担忧而产生很多情绪压力。能够避免总是

如何营造好你的亲密关系

担忧的毛病，便不会在爱里患得患失，就能够勇敢去爱，去善待每一段关系，活得无愧于他人，更无愧于自己。

学会喜欢工作

工作是现代人立足于社会的一个重要方面，很有可能你就像其他人一样，工作是为了谋生。正如生活中其他的必要因素一样，你也可以喜欢它，避免因为不喜欢而产生的一些问题。

如果你确信自己不喜欢工作，并且在工作的时候总是散发一种不愉快的心情，那你的心理会发生变化，对工作中的人和事也会越来越厌烦。

为什么要喜欢自己的工作呢？我们说一个人不能靠爱情活着，如果你没有工作可做，即使你再爱一个人，能当饭吃吗？能支撑起你们共同的美好生活吗？而且工作会让你的生活变得更有规律。如果你说自己工作不是为了谋生，那么为了兴趣，为了更有规律的

如何营造好你的亲密关系

生活，也没有理由不爱你的工作。

有些人说我不喜欢自己的工作，我可以跳槽去做别的工作。可工作往往是需要时间和精力去沉淀的，就如同你不能总是见异思迁。在亲密关系中那些朝三暮四的人，往往是"惯犯"。当然，工作和生活是有区别的，有些人在某个部门总是做不出成绩，换一个环境，换一个赏识他的领导可能就会有明显的改变。

不工作的人，如果没有其他的爱好，有时候会比工作还累，就像很多人说的"假期比工作还累"。是因为他们不工作的时候，大脑杂七杂八地想事情，运转杂乱，还一刻不得闲，能不累吗？整日游手好闲的人是不会快乐的。说不工作很快乐的人，要么是他们有事情可做，要么就是为了误导他人跟他们一起沉沦。

工作和生活同样重要，好的亲密关系会促进学习、工作，反过来也一样。

喜欢工作，并不会影响你的亲密关系，相反会让你们的亲密关系越来越好。因为工作能够给你的生活带来保证，满足你的物质需求，还有，工作所带来的成就感，会让你精神饱满。另外，工作中也会有很多话题，能够让你与人产生更多的交流。

如果一个人喜欢工作，而且体会到做好事情的那种简单的快乐，他做的事情有益于社会，他会感觉满足，那么他工作的时候就会产生一种愉快的情绪，不仅仅是他，他周围的人也会感受到，那么他最亲密的人自然会最先分享到他的喜悦。

改变伴侣，不如改变自己

我们常听人说"江山易改，本性难移"，但是很多处在亲密关系中的人，总是抱着要改变对方的想法。在确定关系以后，有些人总是喜欢去改变对方，他们总是根据自己的经验去教对方怎么样立身处世，怎么样待人接物，怎么样能够功成名就。尽管对方已经表现出很反感，他们依旧会不依不饶。

这些人出发点是好的，有些纯粹的只是为了对方好，有些是为了让对方的行为习惯和穿戴等符合大众的审美，当然也有一些是为了能够满足自己的心理需要。

其中有些人完全接受伴侣的提议，听从伴侣的提议后，有的人可以说是"士别三日，当刮目相待"

Part 5　如何在亲密关系中成长

了，也有些人失去了往日的风采，变得没有自己的风格了。

另外，有些人却完全无视了伴侣的提议，无论伴侣怎么说都是"左耳进右耳出"，根本不听。碰到这样的人，你该怎么做呢？

听说过大禹治水的故事吧？大禹之所以能够治水成功，是因为他总结出治水不仅仅要靠堵，还得引导。所以，想要在亲密关系中过上幸福生活，你不能只想着改变对方，要学着引导对方自己改变，最重要的是要以身作则。要别人改变，自己也要做出改变，成为更优秀的人。

所以说那些有关改变亲密关系另外一方的练习，首先是对自我改变的练习。例如，当你因为某种失误，责怪你的伴侣的时候，你是将所有的错误都归咎于伴侣了。

当你因为伴侣的坏习惯而喋喋不休的时候，你可想过，是不是因为你今天的心情本来就不美丽而迁怒对方呢？

你甚至把工作上的不开心，归咎于你的伴侣没有

如何营造好你的亲密关系

本事才让你在外面被人批评的。

你忙着为对方设计好一切，例如你的伴侣吃什么、穿什么，都是根据你的喜好安排的，根本没有考虑对方是否真的喜欢。

所以，当你埋怨对方，想要对方变得更好的时候，是否忘了从自己的身上去找原因？马克·吐温有一句话说得好："当我14岁时，我受不了我的父亲，他愚蠢极了。但是我21岁的时候，我惊讶地发现，7年的时间他竟然变聪明了这么多！"变聪明的并不是马克·吐温的父亲，而是他自己，以前愚蠢的人，也不是别人，而是他自己。

当你审视自己，找出自身的原因，并改变以后，那么你对对方提出的改变建议，我想对方也会乐意接受的，即使不接受也会告诉你原因，而不是屡次说教，却怎么也改变不了的结果。

当对方乐意接受你的提议时，你会发现：

你们之间的交流更开放、顺畅了，变得无话不谈，你也开始变得更加有耐心，愿意倾听对方的心声。

Part 5　如何在亲密关系中成长

你们会彼此欣赏对方的优点，且能够对对方身上的缺点提出合理的改正意见，一起分享各自的人生经验，希望对方不至于再犯你犯过的错。

愿意考虑对方的兴趣和喜好，你们之间越来越默契，就像多年的拍档一样。

到了这个时候，你会发现对方和你一样，身上都发生了某种变化，而他的变化就是你曾经想要对方改变，却一直没有达成的。

如何化解亲密关系中的矛盾

在亲密关系中，不可能完全没有矛盾，矛盾积累到一定阶段有可能会导致亲密关系破裂。防止亲密关系破裂的办法，就是解决亲密关系中的一个又一个矛盾。

那么，当我们与亲密的恋人发生意见分歧甚至是矛盾冲突时，该怎么做呢？选择坚持自己的意见还是纠正对方，选择不合作的冷战处理还是积极面对、沟通解决？

在生活当中，两个人如果经常待在一起，缺点和优点都会展露无遗。亲密关系一开始大多是甜蜜美好的，一旦相处在一起，缺点暴露就会让彼此产生落差，引得一方不满，或是双方都不满意，从而产生矛

Part 5　如何在亲密关系中成长

盾。遇到这种问题时，该如何处理呢？

再美好的生活，也会归于平平淡淡的柴米油盐之中，再怎么亲密的关系都会有相看两厌的时候。遇到这样的情况该怎么办？

其实这种情况很常见，相当于亲密关系进入了磨合期，很多人都会有这种情况。这就要求双方冷静且充满智慧地处理，具体方法可以参考以下几点：

首先，不要生气或埋怨。得分辨一下发生的问题是不是值得你生气，你们相处以后对方的缺点你是否能够容忍，你有没有换位思考，或者夸大了对方的缺点。不能因为对方一点点小的错误就觉得相处不下去了。

其次，要保持冷静。有时候人与人吵架，都是从你一句我一句的挑刺开始的。当对方的某些话带有攻击性时，先让自己冷静下来，不要口无遮拦地反击，想想是否是因为自己说话的语气或者内容让对方误会了。

再次，要找到原因，积极沟通。这里分享一些沟通时的技巧：记得以"我们"开头，而不是"我"如

如何营造好你的亲密关系

何。如果想要说缺点的时候，不妨先夸一下对方的优点，然后再提出改进的方法。另外不要老是打断对方的话，你可以等对方说完，再提出自己的看法，提出看法时千万别为了反对而反对，少说一些"但是""可是"，尽量客观表述。还有要控制情绪，保持微笑。好的态度是避免事态升级的保证之一。最后，为了避免事态升级，要学会妥协。亲密关系一旦建立，就要为对方负责，吵架时也不能不管不顾，去与对方争个输赢。生活中的妥协是为了让事情能够更好地进行下去。若是有需要，该赔礼道歉就赔礼道歉，用心选一件礼物送给对方，或者向对方真诚地道歉，说不定能让你们的关系更亲密。

Part 6

幸福的婚恋关系是什么样的

love

本章提示：很多人羡慕别人的亲密关系，看到身边的一对对璧人如同金童玉女，便心生羡慕。殊不知，每一段幸福的关系背后，都需要刻苦修炼爱对方的能力。一个能够营造好亲密关系的人，除了家学、见识外，更要学会如何去爱一个人，以及如何享受被爱的幸福。

幸福的婚恋关系是怎么来的

有人说："幸福的家庭都是相似的，而不幸的家庭各有各的不幸。"这句话的意思是说幸福的家庭似乎都一样美好，而不幸福的家庭总是有各式各样的烦恼。

那么，那个相似的特点是什么呢？

歌德曾说过："无论是国王还是农夫，家庭和睦才是最幸福的。"一家人，一辈子，在一起最重要的就是和睦，要互相包容和彼此关爱。不论你想要更多的亲情，还是身体的健康，抑或是创造更多的财富，都需要一个和谐稳定的家庭环境，而"和"就是其中的关键因素。诸如"家和万事兴""夫妻同心，其利断金""琴瑟合鸣，夫唱妇随"，这些话无不体现出

如何营造好你的亲密关系

"和"是幸福家庭该有的特征。

但"家家都有一本难念的经""天下没有不吵架的夫妻",幸福的家庭也会有矛盾,那么如何去化解矛盾呢?有段话很好地回答了这个问题:一个家庭最好的相处模式,莫过于小事不争,大事不责,遇事一起扛,事过不翻旧账。幸福的家庭不是没有矛盾,而是有着不较真的智慧。矛盾发生后要学会积极地去化解。亲人永远比道理更重要,包容永远比改造更重要。如果背道而驰,那这个家庭肯定会朝着不幸福的方向发展。所以幸福家庭的另外一个特点是"包容",或叫作"不较真"。

幸福家庭的相似特征,也可以投射到亲密关系中去。婚姻是家庭的基础,符合幸福家庭的特征,也必然符合幸福婚恋关系的要求。也就是说想要甜美的恋爱、幸福的婚姻,那么两个人在一起,首先一定要懂得创造和谐的气氛,遇事不较真,多包容。

有人说婚姻是一个女人一辈子的事情,尤其是下半辈子的生活幸福与否,基本上就看她的婚姻幸福不幸福。追求幸福的婚姻就是追求幸福的生活。其实,

Part 6　幸福的婚恋关系是什么样的

幸福的婚姻不光对女人重要，对男人也一样。不论男女，都想要一个幸福美满的家庭。所以，面对生活中突如其来的各种问题时，每个人都需要多想想，该如何越过生命中的每一道难关。那么具体要如何去做呢？

有责任心。婚姻并不只是一句"我愿意"，而是承诺以后的一心一意。不只意味着从此以后你不再孤单，也意味着你与伴侣要心怀彼此，有所挂念，有所担当。例如，下班去喝酒，彻夜不回，只想自己快活，甚至连通知也常常忘掉，这就是一种对婚姻的不负责任，长此以往，婚姻必然会出问题。

做好分工。以前有"男主外，女主内"的说法，意思是家庭成员各司其职，丈夫在外赚钱养家，妻子对内相夫教子。当然，现在养家的重担早已不再只需要男人承担，顾家教育孩子也不再只是女人的责任。这里提到的分工，是基于责任心的分工，也就是说为了家庭的幸福，丈夫和妻子的角色有时候也会互换，只要不分彼此都是为了家庭的幸福承担起自己该尽的责任就行。

如何营造好你的亲密关系

要有同理心。同理心是人与人交际的基础,两千多年前孔子就说过:"己所不欲,勿施于人。"夫妻双方要互相体谅,喜欢的,一起分享,不喜欢的,也不要强加于人。

能够按照以上三点去做,幸福的婚恋关系就会离你不远。当然,每段关系都是不停地变化着的,亲密关系也一样。恋爱时,"情人眼里出西施",看对方什么都是好的,这很正常,那相处归于平淡以后,会变得"相看两厌",也是人之常情。这也就要求在婚恋关系中的你,学会分析不同的状况,做出不同的反应。总之,记住幸福婚恋关系的相似特征和具体的三个做法,会让你受益一生。

亲密关系中要满足六种基本需求

一些人在亲密关系中得不到快乐，是因为他们的六种基本需求没有得到满足。前面也提到过，这里再次讲述一下，是因为美满幸福的亲密关系，首先需要满足这六种基本需求。

一、对爱的需求

每个人（即使是那些看起来憎恨别人的人）都渴望爱，需要爱，希望得到别人的爱和他人的最大关注。爱会使我们感到受重视和存在的价值，使我们战胜孤独感，找到存在感。

这一需求的及时满足能给我们带来温暖、充实和美好，还能让我们受伤的心灵得到慰藉。如果没有来

如何营造好你的亲密关系

自他人的爱,人的内心就会有个巨大的空洞,充满了各种不好的欲念,甚至最后会产生厌世情绪。如果放任不管,这些不健康的情绪将一直伴随人的左右,破坏生命旅途中的所有美景。

在亲密关系中,你想要得到爱,就要花费心思了解对方的感情和需要,因为一段关系毕竟是双方的。如果只想得到别人的爱而不付出,那么这样的人在某方面永远长不大,心智不可能成熟。即便是他们有能力爱,也不会去爱自己的伴侣。

如果你想要一段美好的亲密关系,请从现在开始,想办法给出你的夸赞、亲吻、拥抱,和你对爱的回应。如果是夫妻,性爱也必不可少。在所有婚姻里,夫妻感情与性爱都是紧密联系在一起的。如果因为种种原因,婚姻中从来没有性爱,或者随时间流逝,夫妻对性爱的热情消退了,那么夫妇中至少有一人容易焦躁不安,感到不满足,爱发牢骚,易怒,且怨天尤人。这种情况导致的功能性疾病很难治愈,因为病人往往因为羞涩而不愿吐露心声。

二、对安全感的需求

弗洛伊德说过，人最需要的是被爱。阿德勒则说，人最需要的是使自己有价值。而荣格则说，人最需要的是安全感。所有这些都是有理有据的。人是复杂的生物，需要的东西很多。

按照生存是基本的保障这一说法来看，生活就是要有安全感。如果一个人温饱都解决不了，怎么去谈论爱情呢！我们必须有足够的金钱来购买当前和未来的生活必需品，有应对重大疾病或严重灾难的保障，有能帮助我们度过困境的依靠。

当然，即使想好了所有应对之法，有些变故也会让你猝不及防，例如汶川地震那样的灾难。所以，有时候尽心尽力做到自己能做到的保障和应对之法就已经很了不起了，不要杞人忧天，不停地去担心没有发生的事情。当然，我们的生活总是充满了不确定性，这是谁都不可以否认的。生活环境的多变性，造成越来越多的人对生活缺乏安全感。尽管我们努力把这种感觉抛诸脑后，但这些不安全感还是会引发一些单调乏味的不愉快情绪，有些还会导致一些功能性疾病。

如何营造好你的亲密关系

考试前焦虑不安造成的肠胃不适，工作中迫于业绩和失业的压力而一夜白头，退休前因身体机能退化和职场边缘化日益暴躁的脾气等，都是生活中缺乏安全感的表现。想要克服这些不安全感，就要勇敢面对，不要害怕生活中的不确定性，去接纳它们，敢于挑战困难，在不确定的生活中找到乐趣，充满希望地面对未来，积极开创新的生活。

三、对创造力的需求

说到开创新生活，我们首先要讲到的是创造力。因为创造力是开创新生活的保证。也就是说创新能够推动社会的进步，能够实现你想要的生活。一般来说，从小爱动脑的小孩，爱捣鼓新事物的小孩，长大后成就比较大。那些在工作中能够提出建设性意见的员工更受公司重视。

同样，亲密关系中能够引领关系发展和改进关系的人比较受欢迎，也能够获得一些好的亲密关系。他们遇见喜欢的人眼里总是充满着光芒，为了一个人会想出很多很多种方法接近对方，而这就是创造力的魅力所在。甚至我们可以说,创造力就是一个人的应变能力。在人际关系中,创造性的对话,也可以看成一个人情商高的反映。

四、对被认可的需求

被认可的需求,也可以说成是被接纳的需求。这是一个人被爱的前提,因为如果一个人想要接近另外一个人,首先需要别人能够接纳他。一个人的付出想要得到回报,是很正常的,每个人的内心都希望自己和自己的努力能受到他人的重视,尤其是一些对自己很重要的人。一个人想要和别人产生亲密关系,却常常被忽视,付出总是得不到回应,连对方的认可都得不到,更不用幻想得到对方的青睐或与之发生关系了。

经常发生这样的事:一个人在工作中得不到同事的认可,即使在努力后得到了一定的职位,也干不长久。因为他在这儿得不到认可,他渴望被认可的内在需求受到严重打击,所以宁愿选择离开。

同样的事情发生在家庭里的话,就会引发家庭矛盾。可以说，被认可的需求伴随着一个人的一生，甚至有时候被认可的需求，是放在一段关系中的第一位的，只有先被认可，才会有以后的亲密关系。

五、对体验新事物的需求

这一需求可以看成是对未知的需求，我们每个人都应该向前看，因为过去的不可能再回来。这种需求也可以看成是一个人的希望。鲁迅曾说："希望是附丽于存在的，有存在，便有希望，有希望，便是光明。"如果一个人没有希望，那么他便不会去期待美好的事情发生，希望不是欲望，是让一个人更好、更有价值的体现。我们常常听很多成功人士讲，他们一开始也是从最基本的工作做起的，是一位流水线的员工，有些甚至是流浪汉，但是他们怀抱希望，没有被单调乏味的生活打倒，一步一个脚印终于走向了成功。如同电影《当幸福来敲门》中主人公在艰难的生活中对儿子说的一样："如果你有梦想，就要去捍卫！永远都不要让别人说你不行！"他在激励儿子，也在激励自己。当然，影片的最后，我们也见证了他的成功。这些都说明了希望的重要性,也就是说对未知的需求是一个人不断进步的最大动力。

对新鲜事物的需求,还可以看成是一个人好奇心的满足。好奇心是对未知世界的探索,也是建立亲密关系的一个重要因素。如果你面对一个陌生人没有好奇心,那么便不会在意他,更不会跟他侃侃而谈,当然也不可能与他成为亲密好友。只有你对一个人充满好奇,不停地想要了解他的一切时,才会有和他建立一种牢不可破的亲密关系的可能。

六、对尊重的需求

常听人说,一个人的实力决定了他的话语权。想要赢得多少尊重就得有多大的实力,获得别人尊重的前提是你拥有实力,抛开实力谈尊重,就有点本末倒置了。何况,有时候别人对你的尊重很大程度上是出于别人的教养,而不是你应得的。

一个人想要获得他人的尊重和认可,再多的理论和抱怨都是没有用的,一切都是靠自己的艰辛付出、努力奋斗赢来的。比如,一个新入职的人,如果做不

如何营造好你的亲密关系

出拿手的成绩，是很难被老同事所尊重的。尤其是一些空降的领导，如果没有足够的实力，却一直摆架子，是很难服众的，工作中遇到的阻力也只会越来越多。

在马斯洛的需求理论中，尊重需求排在第四层（生理需求、安全需求、社交需求、尊重需求和自我实现需求）。因为他的理论是逐层递进的，也就是说只有满足了前面三个需求才能谈第四个需求。在这里把尊重的需求放在后面，是想要说明，在亲密关系中想要获得伴侣的尊重，就得付出很大的努力。

想要亲密关系更加紧密，就得满足这些基本需求，那如何去满足呢？你需要先好好问问自己的内心，从自己身上找答案。

第一，你希望别人怎么对你，就得先怎么样对别人，"没有无缘无故的爱，也没有无缘无故的恨"，说的就是这种情况。如果你缺少爱，就给予别人你的爱。

第二，安全感的缺失，并不能靠忧虑获得，而要通过努力去改变，即使改变不了，也要勇敢去面对，通过获取内心的充盈来对抗不安全感。

第三，有时候一个人碌碌无为，是因为自己不敢把握机会，只求按部就班去做事，丧失了创造力。为了不让自己碌碌无为，不如发挥自己的创造力大胆去做。在亲密关系中也一样。如果你缺乏表现创造力的机会，就开始去寻找吧，没有什么能阻拦你。

第四，认可和接纳一个人，有时候需要你付出真心去换，没有人能够随随便便获得成功，也没有随随便便的爱。如果你缺乏别人的认可，请先给予别人认可。

第五，对新鲜事物的需求，其实是人"喜新厌旧"的本性之一，有时候你需要克服它。因为人难免会只为新鲜而忽视了其他，为了交新朋友而失去老朋友的行径是不可取的。如果你缺乏新体验、新生活，就请赶快走出去，去寻找新体验，时刻为新生活做好启航的准备。

第六，满足尊重的需求。无论什么时候，提升内在都是正确的，"能屈能伸方为大丈夫"，一时的不被尊重，只是生活中的一个小插曲。而且，生活中很

如何营造好你的亲密关系

多大人物都很平易近人，看起来，他们根本不会在意别人的尊重不尊重。如果你不被尊重，请你先变得优秀，把目光专注到提升自己的实力上来吧。

先让心情静下来

在亲密关系中追求和讨好是一种手段，为了进入并确定婚恋关系，很多人一开始会付出很多，且乐此不疲，甚至于一段时间内，可能五年或者十年，都会如此；或者亲密关系中的两位一开始就互相喜欢，也坚持了很多年，但是，随着时间的推移，再和谐的亲密关系也难免陷入兵荒马乱之中。十年不出问题的婚姻，也可能熬不过第十一年。

这个时候，人们会思考付出了很多努力依然不得圆满，一起经历过很多却依然只能分开，这是为什么呢？如何保障自己的亲密关系，让婚姻一直幸福美满呢？

有些人一旦在生活中受挫，就可能转而走进寺庙

如何营造好你的亲密关系

或者教堂，抑或是自己离群索居去疗情伤，看起来像一个修行者一样。但是很多人只是为了逃避，并不是为了修行，也不知道有关修行的法门。实际上，最重要的修炼是让心静下来，从最简单、最本质的因素去思考问题。"静，能出智慧"，如果他们能够悟到这个道理，那么也就能很快走出情伤，重新振作起来。

其实很多人会不自觉地使用这个法门。例如夫妻吵架时，劝架的人常说的就是"两个人都静一静"，就连吵完架后夫妻一方去找朋友，或是"回娘家"，也都是为了让彼此能够冷静一下。而且你会发现，很多处在幸福婚恋关系中的人，吵架的时候总会有一个人先冷静下来，把对方从坏情绪中拉出来。

心情平静了，事情就会变简单。例如，有些夫妻，贫困时还能其乐融融，家境好转后，却变得水火不容，其中的变化，让人百思不得其解，有人说是钱惹的祸，但似乎也不对，因为他们吵架，大多并不是因为钱。

此时，双方如果能依上所说，让心静下来，事情就会变得很简单。曾经有一段时间，"断、舍、

Part 6 幸福的婚恋关系是什么样的

离"的生活观念被大众所追捧，无非是因为生活变得简单，就能够享受到更多的人生乐趣，而不是被物欲和其他无关的事物捆绑。

在一段关系中，如果总是不确定对方爱不爱自己，疑神疑鬼，或者总是因为钱财以及未来的事务，甚至那些我们死后的事情忧心忡忡，都是非常不明智的。当一方或者两方在这些事情上投入太多的话，不仅会影响自己的身体健康，也会给两个人的关系带来伤害。

当遇到这些问题时，静下心来，一件件地处理好当下的事情，你会发现烦恼并没有那么多。那些不想要的麻烦事，在你专注投入工作的时候也会变少，等到你完成当下的事情，并且做得很好时，你的烦恼也许就会消失了，甚至还能赢得不少称赞。从现在开始，丢弃多余的烦恼，从专注当下开始，经营好自己的人生。有效率地工作、思考，以解决问题为出发点，利人利己，不论是情感方面还是物质方面，你的生活将会越来越美好。

在爱中互相鼓励

亲密关系最难的不是生活一帆风顺时的两情相悦,而是当生活窘迫时还能不离不弃。

俗话说"三十年河东,三十年河西",一个人难免会遇到低谷和不顺,但往往有人能共享乐不能共患难,尤其是亲密关系中,彼此在一起的时候,什么好的都交付给了对方,结果一旦其中一方处境困难,另一方却不愿意一起承担,这自然会让人寒心。

也有些人本能地想一个人承担,有些人还会自己躲起来,也不告诉身边的人,尤其不想麻烦最亲密的人,这当然也不可取。无论是哪种情况,对亲密关系的伤害都是致命的。这个时候,遭遇低谷的一方其实特别害怕和焦虑,但却又无力改变,这时他最需要身

Part 6　幸福的婚恋关系是什么样的

边人的安慰,尤其是最亲密的人的安慰。这个时候若是能和他一起面对而不是抽身离开,那么亲密关系会更加紧密。

相爱的人互相鼓励、互相帮助,本就是应该的。很多人的婚礼誓词中就有"无论贫穷还是富有,疾病还是健康,相爱相敬,不离不弃,永远在一起",这就要求夫妻双方互相扶持。如果想要你的婚姻幸福,最初的誓言当然必须坚守,因为这是诚信所在。但是能够真正做到这些的,有时却很少见。那些幸福的夫妻,有很多就是一直同甘苦、共患难的,所以往后的日子里,即使一方陷入困境,他们依然懂得珍惜,不离不弃。

好的亲密关系，是夸出来的

亲密关系中最重要的是信任，而如何建立信任呢？简单来说，就是先要认可对方，给予对方夸赞。甜蜜的爱情，是互相欣赏的两情相悦，不是互相指责的冤冤相报。因为欣赏，所以会忍不住去夸赞，这不是刻意迎合而是发自内心的欣赏。当然，往往也有人不会夸赞对方，让亲密关系惹出一堆麻烦来。

那么如何夸赞对方呢？

有一本书列出了"爱的五种语言"，其中肯定的语言被放在了第一位，也就是说把赞美、包容、鼓励、支持等肯定的言词放在了其他语言的前面。

在亲密关系中多使用肯定的语言就是多用积极而正面的语言肯定另一半，或对另一半为家庭的付

Part 6　幸福的婚恋关系是什么样的

出给予赞赏。如一些情感专家讲的"妻子越夸越温柔""丈夫越夸越能干""孩子越夸越聪明"。学会怎么去夸赞比学会批评更能让一个人进步。

如何使用肯定的语言呢？简单来说就是好好说话，多说夸赞别人的话。一旦这样说，就容易被对方所接受，然后当你提出自己的看法和见解时对方才不会抵触。这不仅有助于增进你们的关系，还能让你的想法更容易被对方所接受。

亲密关系中更要会一些甜言蜜语。有一个观点，夫妻之间相处，想要维系好感情，赞美和批评的比例要在5∶1。即：如果你说了一句批评伴侣的话，那么就要用五句夸赞的话来抵消。

很多夫妻之所以吵架，甚至关系破裂而离婚，就是栽在了没有"说好听的话"这个字眼上。经常夸赞对方，能够调动对方的积极性，让彼此感受到满满的爱意。那怎么来夸对方呢？

有人会说："我知道他对我好，我也想对他好，但是我就是管不住自己的脾气，我就是这样的性格，想改也改不了。"真的改不了吗？我们说"世上无难

如何营造好你的亲密关系

事,只怕有心人",如果你照着以下三种方法去做,就一定可以有所改善。

一、角色想象。其实每个人都有温柔的时候,当你要发脾气的时候可以先想象自己态度温和、对人温柔时的场景,想象和周围人关系融洽、其乐融融的场面。另外,人并不是对每个人都发火的,可以把你发火的对象想象成你温柔以待、喜欢的那个人。

二、放下期待。亲密关系中,一个人对身边人发火,有时候不是因为被冒犯,而是觉得对方可以做得更好,这就是期待过高,恨铁不成钢。所以不要抱有"必须做"的期望,也不要认为对方凡事必须听你的。要知道,在亲密关系中,你们是需要互相尊重、互相关爱的,而不是谁从属于谁,你们俩是平等的。

三、冷静处理,及时道歉。一般情况下,亲密关系中的两个人知道对方的缺点和小秘密,甚至于互有一些把柄。一旦产生矛盾,双方话赶话,互相揭短抨击,两人的关系破裂只在分毫之间。所以,矛盾发生后不仅仅要冷静处理,还要及时道歉。如果发现自己已经犯错,就赶紧去道歉,当然想办法用夸赞对方的方式去道歉，收效可能更好。好的爱人，是夸出来的，等心情平复了更不要吝啬你的夸赞。

简单的一句夸赞，会变成亲密关系中的调和剂。想要亲密关系更和谐，那就行动起来，不管爱人做得好与坏，都真诚地夸一夸对方吧。你会发现，你们会更体贴对方，更爱彼此。

赞美对方，尊重对方也是成功经营之道，有时会取得意想不到的结果。并不是所有的赞美都会有好的结局，使用赞美对方的方法也是有所讲究的。

赞美与拍马屁是完全不同的两回事，赞美是发自内心的，对对方某种长处的肯定，而拍马屁则是为了达到不可告人的目的而虚伪地吹捧，是有所求、有所取的。所以，当别人有求于你的时候，一定要小心别有用心的夸赞。而你在夸赞别人的时候，也要注意以下几点，不要弄巧成拙。

第一，夸赞要发自内心，要真心实意，不要虚假做作。由衷地赞美，诚恳地表达，哪怕是一句平平常常的话，一个充满敬意的眼神，一次轻轻的拍肩，都会产生意想不到的效果。

如何营造好你的亲密关系

第二，夸赞要具体而不要抽象笼统，要有针对性。如果我只告诉某人他干得不错，然后走开了，他会怎么想？他会感到很糊涂，心中琢磨："我哪点做得好？"

第三，夸赞要实事求是，太过夸张就会产生不真实感。夸赞不是吹牛大赛，要适可而止，过度的赞美惹人烦，让人难以接受。不真实的夸赞一旦露馅，会让被夸的人陷入尴尬，如坐针毡，浑身感觉不自在。

第四，间接的夸赞比直接的称赞要来得有力。真诚直接地赞美别人，固然能取得好效果，但如果用词不当，就可能沦为阿谀奉承，给对方留下不好的印象，让人觉得你的赞美之词太露骨、太肉麻。如果你担心出现这样的结果，那么不妨试试采取间接赞美的方式，着重表达自己对某一类人或物的赞美。

第五，背后夸人比人前夸人要好。背后不说别人坏话，就已经很了不起了，如果经常背后夸赞别人而被人知道，别人就会觉得你是他的知音，就会把你当成自己人对待。

总之，每个人都有优点，不同的人在生活和工作

Part 6 幸福的婚恋关系是什么样的

中会有不同的辉煌成就。当然有些人生活能力强,有些人工作能力强,也有些人可能二者都有。几乎没有一无是处的人,或许有一些人一时半会看不出生活能力和工作能力,但是他们极有可能是潜力股,就等着有人去挖掘,而称赞就能做到这一点。只要我们及时发现他们的优点,并加以诚恳的赞扬,定能加深双方的知心度,使我们与对方迅速融洽起来,那么亲密关系就会更进一步得到加深了。

好的亲密关系，要以心情愉悦为准

曾经有人说，单一的成功没法让人快乐，只有周围关系融洽时取得的成功才会让一个人快乐。最好的亲密关系，一定是让关系的双方以及周围的人都能够感觉到快乐的。

我们会发现这样一个现象，那些成功人士一般比较和蔼，有些大领导经常是面带春风，以微笑示人。根据吸引力法则，那些乐观积极的人，他们把困难当成幽默，容易取得成功。他们总能把生活中吃的苦，化解成一件件趣事。他们也常常会被他人善待，自然也会收获很多的友情、爱情。常常被善待，他们的心情自然更愉悦一些，做事的效率也能随之提升，也就更加容易取得成功。

Part 6　幸福的婚恋关系是什么样的

　　如果有一个人告诉你他很爱你，结果却天天跟你吵架，这不是爱，而是占有，是自私的行为。成功学里有一个让工作效率加倍的方法，就是每天早上上班前对着镜子说："我是最棒的。"这样做容易完成工作任务，还能让自己不断进步。因为当你这样说的时候，已经不会在意那些影响你进步的因素。不为外来的纷扰而分心，做事效率自然能提升，心情自然会愉悦。这便是用自夸的心理暗示来获取进步的力量。

　　"苟日新，日日新，又日新"，这是出自儒家经典《大学》里的一句话，意思是太阳每一天都会升起，迎接你的每一天都是新的，而每一天你都可以把不好的情绪清零，让自己变得愉悦起来。在亲密关系里更要如此。

　　为了心情愉悦，不要回想过去的不堪，适当的时候，你还可以利用一些小技巧，改变周围的气氛。比如每天夸身边的人一句，这样就能营造一个和谐快乐的气氛，日积月累下来周围的人都会觉得与你交往比较愉快，你自然也会心情愉悦。对于亲密关系的伴侣更是如此。比如你可以说："今天的你很会搭配衣

如何营造好你的亲密关系

服,看上去气质很优雅。""你的想法很棒。""你今天的笑容像花儿一样美丽。"当你没有什么可夸赞的时候,还可以夸赞天气:"今天真是一个美丽的晴天。""这真是一个美丽的傍晚。"虽然听起来没有夸赞对方,但是积极乐观的态度,能够让身边的人感到轻松愉快。当然,如果你是一个幽默的人,也可以说几个有趣的玩笑。没有人会喜欢一个悲观者,所有人都喜欢自己身边的人有幽默感,令人愉悦。

为了心情愉悦,要让自己融入周围环境。你可以提议与周围人一起做个游戏,或者参加一个活动。人有时候难免心情低落,但是一旦融入周围环境中,有他人带动,一起玩游戏,就可以放松心情,重新变得积极快乐起来。我们说有的人会抑郁是因为他长期一个人,没有人陪伴,没有人跟他说说心里话。一旦他发现能够参与其他人的活动,就能培养交际能力,发现生活的乐趣,抑郁的心情自然会变得好起来。想象一下,当你心情低落的时候,有朋友找你一起玩,是不是能够让你不再低落?所以,当你的朋友心情低落的时候,你也可以伸出你友谊的双手,拉他一把,让

Part 6　幸福的婚恋关系是什么样的

他重新变得快乐起来。这对你也是一种帮助！如果这个人是你的亲密关系中的另外一方时尤其如此。对方的快乐，能够从某种程度上影响你的心情。要知道，好的亲密关系不仅能使你得到帮助，还能给你和对方同时带来心情愉悦的感觉，这样你们的亲密关系才能牢不可破。

在美妙的关系中，互相得到成长

缘分很奇妙，是它让你认识了身边的人，是它让你和一生的挚爱相遇。有时候我们会错过深爱的人，有时候我们总被同一个人辜负，但这就是人生，经历过才会成长。

在美妙的亲密关系中，每个人都如同在上一所大学，学会关爱、体谅、理解别人，学会成熟和担当，成为人父人母，担负起自己应该尽的责任。

我们每个人都会有软弱的时候，需要理解和安慰；也会口不择言，引起冲突，让身边的人不快和担心；有时候也会犯错，甚至伤害别人。这时候，有一位良师益友或是亲密伙伴引导，就能够少走点弯路，让我们顺利度过这些艰难的时刻。

Part 6　幸福的婚恋关系是什么样的

在亲密关系中，有些人是一开始相遇的时候觉得对方像天使一般，但是却不能一起成长，后来开始互生厌恶。事实上，环境的变化和一些其他的因素是会影响两个人的关系的，这个时候如果不注意，或者忽视对方的感受就有可能会分手。要真到那一步，别太自责，因为关系的破裂也是关系发展过程的一个阶段。如果不能弥补，无法再和好如初，就不要再互相伤害，一别两宽，各自过好自己的生活是最好的选择。

现在是婚恋自由的时代，"宁拆十座庙，不毁一桩亲""为了孩子，不要离婚"，对于这些前人的信条没必要一一遵守。不快乐的婚姻，对于两个人、对于孩子，甚至对于整个家庭来说都是一场悲剧。如果不能改善，做不到重生情愫，再次亲密，那么继续下去就是一种煎熬，周围的人也会跟着一起遭罪，不如放手。

我们要在每一段关系中学习的，常常不是别人犯了什么错，而是我们能不能成为更好的自己。在一段关系中，不仅能学习到对方身上的优点，也能学会如

如何营造好你的亲密关系

何适应对方，如何协调人际关系，增加抗压力，提升忍耐力，学会更加包容地去面对每个人，做事情有责任有担当，不再因为小事而情绪不稳定，放逐自己。还有，一个人的欲望永远是无法满足的，但是我们也要学会自我满足。亲密关系中也一样，如果有一方不知足，总是欲壑难平，那么出问题只是早晚的事。

"三人行，必有我师"，身边的人都能够让你学习到一些知识，亲密关系中能学到的更多，甚至能够重新塑造一个人的性格，从而改变一个人的一生。

如果你想要改变，那么请善待你的每一段亲密关系。从现在开始，让自己身处美妙的关系中，运用本书所讲的内容，开导自己，提升自己，做一个情感达人，在能够帮助到自己的同时，也帮助身边的人改善亲密关系。

"当局者迷，旁观者清"，很多看似简单的道理，往往局中人并不明白。所以当身边的人遇到情感问题，困在里面走不出来的时候，请从旁观者的角度给出有益建议，多多关心和帮助他们。有时候帮人就是帮自己，等到你需要帮助的时候，自然会有人伸出

Part 6　幸福的婚恋关系是什么样的

友谊之手。要相信爱会传递，"老吾老以及人之老，幼吾幼以及人之幼"，"人人都献出一点爱，世界将会变得更美好"，这些至理名言说的都是这样的道理。

美妙的亲密关系，能够让一个人不断进步，不断成长。能够在其中不断成长的人，必然会得到命运的青睐，获得更好的人生。

如果你喜欢，请把学到的内容分享出来，让更多的人看到。